搭 廉價航空出國去

抓準時間、預算，說走就走

Sugo・貳毛・小摳 著

晨星出版

前言

出發啦！搭廉價航空玩樂世界

二〇〇五年開始，廉價航空正式進入台灣，初登場的是捷星航空從台北飛往新加坡的航線。但早在二十年前的歐美國家，甚至是十年前的東南亞地區，早就已經有廉價航空進駐當地，航向國際了。台灣則是從近幾年開始，才有較多人知曉廉價航空，因為便宜誘人的票價，加上許多熱門的旅遊航線，怎能不為他心動呢！

本書第一章認識廉價航空——開啟邁向國際的大門，和傳統航空公司相比之下，機票價格是所有項目中差異最大的部分，為了拉低價格，使用者付費是廉價航空公司主要為節省開支而想出的策略；該如何增加營收，則是提供額外服務讓有需要的乘客加購。因為它不像傳統航空公司全套包好，所以訂購機票前一定要做足功課，瞭解各項權益，好好在這章修一修廉價航空的入門學分吧。

來到第二章找到真正的廉價機票，正式進入訂票系統前，千萬別被「便宜」二字給欺騙了，有時往往便宜不代表划算，還是得以自身需求衡量之後再下判斷，才不至後悔莫及，落得要夜宿機場或轉機的情況。

第三章帶領我們飛出台灣，遨遊亞澳。日本東京大阪；韓國釜山、濟州島；大陸絲路之旅；柬埔寨暹粒、泰國清邁；澳洲紐西蘭打工度假等等熱門航線，不同的路線各有適宜的廉價航空公司做搭配，如何在眾家爭鳴的時代，找出對自己最有利的選擇，在在考驗著小資旅行者的智慧。

第四章帶領我們飛出台灣，遨遊美洲。整個美洲大陸共包含了三十五國家，其中美國、加拿大、墨西哥、巴西佔據將近四分之三的陸地。從北美阿拉斯加的絕美極光，堪稱精靈之光，到南美阿根廷的企鵝島，也是世界上最大的企鵝之國，這是一塊任誰都意想不到的旅遊樂園，探險就從這裡開始。

第五章帶領我們飛出台灣，遨遊歐洲。遊歐洲是很多人心中的夢想，若能搭乘廉價航空真可說物超所值，但目前飛歐洲的航班非常之少，往往脫離不了轉機和停留的命運，因此前往歐洲的機票，建議先考慮傳統航空公司較實在。

第六章告訴我們環遊世界不是夢。說到世界旅行，即使是小資一族也有達成的一日，只要善加規劃環球票，它和廉價機票可說是非常完美的組合，別再讓轉機變成只是換飛機，瀏覽世界文化遺產是可以成真的旅程。

廉價航空設立各種航線，我們依據自身所求，找出適合自己的機票，是本書所要教導的重點所在，希望本文內容能讓各位讀者做個參考，期盼我們不再只是做白日夢，而是能勇敢踏出一場冒險再生之旅。

目錄：
CONTENTS

第二章

找到真正的廉價機票

第三章

搭廉航遊亞澳

第四章
搭廉航遊美洲

第五章
搭廉航遊歐洲

第六章

環遊世界不是夢

第一章 認識廉價航空

機票，是每個人出國自助旅遊的第一步，也是大部分旅行中，最大筆的花費之一，還記得在我小時候的遠古時代，出國旅遊，基本上是家境富裕的同學，才能享受的頂級體驗，只有像花輪那樣的同學，才有可能每年固定去海外旅遊，而像我這樣赤貧家庭的小孩，通常只能一邊吃著同學從海外帶回來的巧克力（同學們出國回來，帶巧克力當伴手禮的機率，高到一度曾讓我以為外國人都是拿巧克力當主食），一邊學習小丸子的阿 Q 精神，在家裡幻想著自己身處在那些異國風情的環境裡。而時光飛逝、歲月如梭，身為椿腳俗的我，終於在苦讀托福後，低空飛過申請交換學生的門檻，最後，幸運地申請到學校，得以踏上異國領土，體驗過去那只能在自家房間幻想的旅程，也在此同時，與廉價航空結下了不解之緣！

第一次接觸廉價航空

真正的廉價航空進入台灣的天空，大約是在二〇〇五年，由捷星航空所開闢的，台北新加坡航線開始（誰說看F1是有錢人的專利，我就曾在二〇〇八年，利用了這條航線飛往新加坡，一同見證了F1史上首次夜賽的熱血沸騰）；但在這之前，廉價航空其實早就已經在歐美等地，橫掃了許多小資旅行的市場；第一家廉價航空，是美國西南（Southwest）航空公司在二十世紀60、70年代首創的低成本營運模式開始的；而歐洲最知名的廉價航空Ryanair，就是在一九八九年時，由於業績下滑，開始引進西南（Southwest）航空營運模式後，現在成為歐洲廉價航空的霸主。

雖然廉價航空來到台灣不是這一兩年的事情，但從二〇一一年開始的樂桃（Peach Aviation，台北關西航線）、二〇一二年的酷航（scoot台北東京航線），到二〇一三亞航

廉價航空成為小資一族們不再遙不可及的小確幸！

（AirAsia Japan台北東京航線，後來由ANA買回全數股份，改名香草航空），這一兩年可以說是台灣天空最熱鬧的時候，誘人的票價，再加上熱門的旅遊航線，讓愈來愈多人，在出國旅行時，都開始考慮廉價航空來作為交通的手段。不過雖然廉價航空讓過去可能只是好野人專利的海外旅遊，成為小資一族們不再遙不可及的小確幸，但也有許多人，因為對廉價航空的不了解，而讓期待已久的海外旅行，變成令人腰酸背痛的機場夜宿之旅；又或是在媒體的渲染與推波助瀾之下，讓人對這些廉價航空望之卻步。其實，只要做好功課，了解自己的需求與航空公司的相關規定，對廉價航空有了正確的認識後，無論你是精打細算的小資一族，或者只是一般想自助旅行的朋友，都可以利用廉價航空，來一趟經濟又實惠的海外旅行。首先讓我們先從廉價航空與傳統航空公司的比較，開始看起吧！

廉價航空與傳統航空公司的不同

	大型傳統航空公司	廉價航空公司
飛機機型	根據航線遠近來安排，機隊內有中、長程飛機，也有短程飛機。	幾乎清一色是單機型、短程飛機為主。（常見的有Airbus A320或是波音的737）
售票	1.依賴代理來銷售或透過旅行社代訂。 2. 網路銷售、電子機票。 3.call-center 4.有多種付款方式。 5.可以猶豫幾天再付款。	1. 以直接銷售為主。 2. 以網路銷售為主、電子機票。 3. 大部分只用信用卡付費。 4. 訂票時就需要付款。
機上服務	1.中長程飛機基本上分為3種艙等，分別是頭等艙、商務艙、經濟艙。 2.服務根據艙等不同而不同 3.提供全面的服務，包括機上娛樂設施等加值服務。	1.大多為單一經濟艙，但也有些航空公司，將飛機上的位置做簡單的區隔，例如提供各座位區塊，第一排前方無人的座位，又或是飛機最前方三排作為需要加價的指定席。另外，如酷航，也有提供所謂的商務艙，但商務艙的位子其實並沒有比較大，只是附上了插座、餐飲、免費的ipad與較大的行李託運重量，等於是有包含基本服務的經濟艙套餐 。 2. 乘客須支付額外服務和餐飲費用。 3. 基本上，機上無娛樂設施，但也有一些廉價航空開始在機上提供租借平板當作機上娛樂的服務（例如酷航可以在飛機上租借已經內藏多部影片與遊戲的ipad）。
機場	1. 使用大型樞紐機場。 2. 提供如貴賓室等服務。	1.使用次級或三級機場。（但以亞洲的廉價航空來說，基本上也都是各城市的主要機場，只是可能會使用專屬的廉價航空航廈，如關西機場的第二航廈，與新加坡樟宜機場的Budget Terminal）。 2. 對機場的服務要求不高。
哩程酬賓計畫（FFP）	1.全球幾乎所有的網絡型航空公司有自己的 FFP 方案。 2.在航空聯盟中，聯盟成員在FFP方面互相認可與合作。	1. 基本上沒有，但像樂桃也有提供類似集點的計畫，能夠集點的機票通常需要額外增加一些費用。

	大型傳統航空公司	廉價航空公司
票價	1.多等級、多艙位票價定價體系。 2.同一航班中票價波動範圍大。	1.單一票價。 2.低票價方案，但特價的時間不一定，通常是一些節日或是提早販售半年後的機位。
更改行程內容的手續費	1.彈性大，基本上不需要加價。 2.有一段可以猶豫開票的時間。	1.做任何變動都需要付費，如果是在特價時買到的機票，有時手續費甚至會高達機票的七八成以上，但也有航空公司提供你在買票時，就有改期或是改姓名的權力，但這部分的服務也同樣要在購票時額外加價，就像買保險一樣。 2.購票完成之後就要確定好一切內容，沒有猶豫的時間。
行李	1.除了隨身行李之外，根據所買的票種有20-40公斤不等的託運行李。 2.對於行李的數量與重量的規定，只要不是太誇張，基本上都是比較寬鬆的。	1.最基本的票，只有包含個人一個隨身行李，重量大概只有7-10公斤，如果需要託運行李都需要額外加價。 2.較為嚴格，請務必遵守各家航空公司相關的行李規定，不然荷包又要失血一番。
班機延誤或取消處理	1.在規定內提供旅客延誤的住宿與餐飲。 2.如遇班機取消可以根據需求，選擇退費或是改搭其他班機。	1.延誤要超過規定的時間，才會提供餐飲的基本補貼，但住宿基本上都是不提供的。 2.通常無法退費，需要等待航空公司安排其他班機。
飛行安全	1.有標準的飛行安全檢視流程。	1.和一般航空公司無異，很多資料都顯示，廉價航空並沒有較高的失事率。
航空聯盟	1.全球大部分的大型網絡型航空公司均加入聯盟。 2.區域間的航空聯盟有越來越大的趨勢。	沒有。
適合的旅客	1.不在乎價格的商務旅客。 2.行程可能還有很多變數的人。 3.只有特定時間才能休假的人。	1.對價格敏感的小資一族 2.休假時間較彈性的人。 3.能提早規劃，確認旅行時間的人。

資料引用來源：國立高雄海洋科技大學〈2010，探討廉價航空通路發展與現況之研究〉

便宜價格哪裡來

同樣的目的地，為什麼廉價航空可以提供比一般航空公司，將近一半，甚至是四分之一的票價呢？當然天下沒有白吃的午餐，這些廉價航空公司能夠提供這麼驚人的票價，讓你飛日本比飛澎湖還便宜，正所謂一分錢一分貨，這其中的祕訣其實還是那句老話，就是「開源節流」了。廉價航空對於營運的所有費用與成本有著非常高度的掌握，透過細分所有的服務，這些廉價航空公司可以精算出每趟甚至是每公里飛行所需要花費的成本，而降低票價，首先當然從比較簡單的節流開始，而一般比較常見的有下面幾種。

1 沒有空橋

如果曾經有坐過一般飛機的朋友們應該都知道，上飛機時，會有所謂的空橋做為航廈與飛機的聯絡通道，這樣一來，對於有拖著登機箱，或是一些行動較不方便的朋友或是老人家，都是比較方便的，但廉價航空（雖然也有些例外，從台灣出發的樂桃和Jetstar都還是有空橋可以讓大家登機，但樂桃到了關西機場，就沒有了），為了節省成本，通常是需要大家自行步出航廈，爬上樓梯登機的，雖然對一些朋友來說可能不太方便，但我有時倒也蠻享受這種登機方式，因為這種登機方式總是讓我幻想起自己是美國總統，自行登上飛機後，再回身向航廈中的人們揮揮手（但千萬別揮太久，不然很有可能會被後面要登機的人白眼，尤其是他手上還拿著大包小包的免稅戰利品時）。

有些機場沒有空橋服務

❷ 降落地非主要機場

這個問題，主要比較容易發生在歐美或澳洲等地，這些廉價航空為了節省機場稅，會選擇較冷僻的機場來進行降落，這時大家就要特別注意，因為這類的機場，所在位置通常離市中心有相當的距離，而且接駁也不一定如主要機場一樣的方便，譬如，主要的機場接駁，可能有捷運、火車和巴士，但這類機場可能都只有巴士，所以當你選擇這類機場降落時，請一定要多加注意，第一個注意接駁時間，以免飛機降落如果有所延誤，沒有接駁車，需要夜宿機場；第二個就是票價，我在歐洲就有曾經遇到過，買了廉價航空的套裝行程，其中機票錢比接駁車票還便宜的狀況，這樣的情況，讓我覺得根本就是航空公司和巴士公司一起狼狽為奸，拿車費補機票錢。不過如果是在亞洲飛，大部分的廉價航空都還是使用主要機場，最多就是使用不同的航廈而已，所以大家只要注意一下接駁的時間，基本上就不會有這個問題。

❸ 不印實體機票

是的，沒有機票，在座的各位可能覺得，那不過就是一張紙，不印是能差多少錢，但就像前面所說的，廉價航空是將一切成本計算到極致精細的一門生意，如果不需要印機票，就可以減少地勤人員的數量，又或是可以使用機器讓旅客自

機內基本的設施齊全

位置稍微小了一點

行辦報到，所節省的就不單單是那一張紙的成本而已。不過這樣的措施在台灣出發的廉價航空中是較少見的（但樂桃航空在從關西出發時，機票都是讓大家利用報到機，印出一張如電子發票般沒有存在感的感熱紙），比較常發生在歐美的廉價航空，像歐洲知名的Ryanair，他們的票價就有分，如果要印出來，就會需要額外加價，而且如果你想要把這印機票的錢給省下來，是有前提的，除了不能有託運行李之外，你還必須持有目的地允許免簽的護照，才會讓你做線上的check-in並且使用從e-mail中印出來的登機證登機。

4 機票直銷

就像知名的Dell電腦一樣，這些廉價航空也用網路直銷的方式，省卻中間旅行社、或代銷業者的層層剝削，把這其中的利潤回饋給旅客。其中唯一比較需要注意的就是，在刷卡付費時，由於各家航空公司所使用的刷卡主機放置的國家不同，有可能會有刷卡手續費的產生，這點大家在購票之前，可能需要先做些調查，雖然金額都不大，但不小心被收了額外的費用，心情上總是會覺得不太舒服。

5 機上服務人員較少

因為不需要提供像傳統航空公司，如供餐等服務，在服務人員上，就可以更加精簡，只保留最基本所需的服務人員數量，但大家也不需要擔心，因為這些服務人員也是同樣受過專業的訓練，不用害怕發生狀況時，機組人員比你還手忙腳亂。另外，搭乘飛機時，我相信許多朋友心中都會不自覺地暗自期待一下，可以和美麗的空姐或是帥氣的空少來一段空中的邂逅，那廉價航空上會不會都是奇怪的大叔或是阿姨們在服務呢？這點我想大家不需要擔心，除了在一些歐美地區（不一定只有廉價航空），在亞洲地區（以台灣出發來說），大部分航空公司的服務人員都是既美麗又帥氣，其中也不乏許多青春的肉體，所以即使醉翁之意不在酒的朋友們，也是能享受一下這賞心悅目的情景。

6 透過網路或其他較便宜的方式宣傳

與傳統航空公司動不動就出現在電視或媒體的大型看板相比，廉價航空的行銷廣告手法相對低調許多。雖然還是有些廉價航空會使用如報紙這樣傳統的方式作為宣傳管道，如宿霧太平洋航空，但一般最常見的就是使用Facebook的粉絲團來做宣傳，像是酷航在首航台北之前，就透過官方的粉絲頁面舉辦相關的促銷或是特價活動，例如按讚累積人氣抽機票，或是透過e-mail，大部分的廉價航空都有提供相關訂閱電子報的服務，而這些不單單只是業者們宣傳的管道，也是各位朋友們想預先知道甚麼時候有便宜機票的最佳方式，基本上航空公司會在要做特價前的一兩天，透過這些管道發布消息，而想買便宜機票的朋友們，加入粉絲團或訂閱電子報，就是撿便宜的第一步。另外有時航空公司也會辦一些實體活動來做宣傳，之前酷航就曾在粉絲頁事先預告，他們將出現在市中心的鬧區與大家玩遊戲，並贈送折價券或獎品，但你以為這樣就很厲害了嗎？有聽過搭廉價航空還可以找到工作的嗎？只要拿著你的履歷在指定的時間和地點前往，和工作人員現場玩遊戲，就能得到成為廉價航空公司一員的面試機會，你看看在這經濟不景氣，失業率高居不下的今天，廉價航空真是糾甘心！

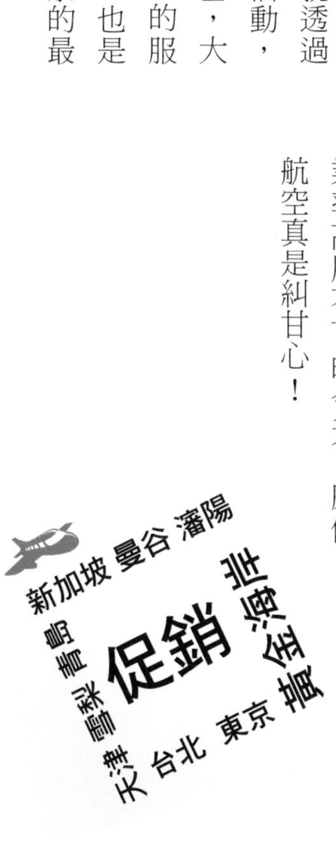

額外加購服務

另外，除了做好節流，公司要想真的賺錢，那開源是絕對不能少的，所以廉價航空也發展了一套，將「一分錢一分貨」這句話發揮到極致的經營手法。從過去套餐形式的銷售，轉變成全面單點加購。你可以想像一下，過去買機票，就像是你去速食店買所謂的超值全餐，無論你需不需要，副餐和飲料都包含在裡面了；但廉價航空，就像是你只會有一個基本的漢堡主餐，其他的副餐都隨著你的需要再額外加購就好，如果今天我需要額外託運行李，在買機票的同時再加購就好；這就是廉價航空開源的方法。相信有很多曾經搭過飛機的朋友會覺得這樣也太麻煩了，但對於精打細算的小資一族來說，這可是一大福音，與其吃用微波加熱的飛機餐，不如把這部分的錢省下來，到目的地後，享用真正熱騰騰的食物。現在我們就來看一下，大致上有哪些選擇，是需要額外加購，才能再享用的服務。

1 機上餐點

畢業旅行時，就算不餓，晚上也一定要吃泡麵一樣，在飛機上嘴饞想吃東西的朋友，一定也不在少數，雖然說廉價航空的票價沒有包含餐飲，但如果想吃東西時，只要拿起座位前的菜單，美麗的空姐們一樣會熱心地為您點餐服務。

至於機上餐點的價位，雖然普遍偏高，而且通常只有比較簡單的食物，像是三明治之類的輕食，但也有些廉價航空為了提高大家在機上額外購買食物的意願，像是樂桃航空，他們所提供的飲料與餐點，價位其實和一般的餐廳相當接近，可以為機上肚子餓的朋友輕鬆解饞。

2 視聽娛樂器材

相信喜歡在飛機上看電影打發時間的朋友一定也不少，但在廉價航空上，這樣的服務就需要額外付費。有些航空公司會有租借平板的服務，並在座位上提供插座。如果不想花錢的話，自己帶也不失為一個好方法，但基本上廉價航空的飛行時間大約都是三個小時左右，以這樣的飛行時間來說，閉目養神睡個覺，養足精神，下飛機後努力玩，大多是我選擇度過機上時間的方式。

3 託運行李

雖然說廉價航空都會給大家一個基本登機行李額度，但對於出國總是要刺激一下當地經濟活絡的血拚一族來說，這怎麼會夠呢？這時候就要記得額外加購託運行李，但加購託運行李時的管道不同，價格也有差異，透過網路購買機票或是加購最是便宜；再來是透過call center，最貴當然就是在機場現地購買。

4 機上選位服務

想要坐在飛機前端的位置，當飛機抵達目的地後，第一個下飛機通關，免除大排長龍的等候時間嗎？想要坐在前方無人，空間可以將腳伸直的第一排座位嗎？想要坐在靠窗，不想被要起身上洗手間的鄰座旅客打擾的位子嗎？以上這些情況，只要您搭乘一般航空公司，提早抵達機場劃位就能享有的選位權利，在廉價航空中也被視為有價的服務，雖然也有些航空公司在飛機起飛前的特定時刻會開放免費劃位，但如果您希望一開始就能選定要坐的位子，這些是要額外付費的。

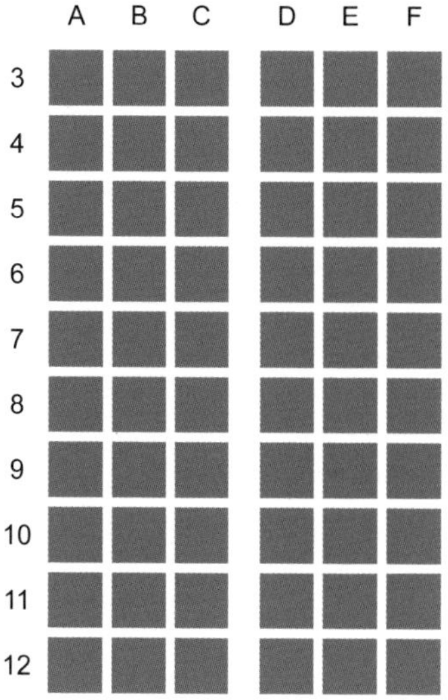

飛機座位示意圖

5 行程修改或取消

在一般的航空公司想要取消行程，在一定的時間內，基本上只要支付部分的手續費，就能夠退回費用，但大部分的廉價航空要取消行程，手續費幾乎等於你購買機票的全額了，又或是你想要修改出發日期或將機票轉讓給其他人，只要是因為您個人的原因無法成行，更改或取消的手續費會高達票價的七八成或是全額。遇到這些情況，直接購買一張新的機票也許還會比較划算。當然也有一些腦筋動得很快的公司，他們將這樣的權利當作是保險一樣的販售，一開始先讓你花點小錢，購買這樣的權利，之後如果遇到真的需要調整時，就能夠直接修改行程。

訂票前的遊戲規則

我認為想要愉快的享用廉價航空帶給各位低廉的票價之前，最重要的就是要先了解各家航空公司對於需要變動行程時的費用與基本規則。影響手續費的因素，主要有以下幾點。

1. 進行更改的方式，如透過網路自助更改、透過客服中心更改或機場臨櫃更改。
2. 更改的原因，旅客本身的問題、自然因素的問題或航空公司自身的問題。
3. 一開始購買的機票種類，以樂桃為例，購買的機票一開始就有Happy peach和Happy peach plus兩種。

以下我們就以樂桃航空為例，整理一下相關詳細的遊戲規則做為參考（參照二一頁和二二頁），最新資料還是以該航空公司的網站資料為準。

機票的種類

Happy Peach

票價內含費用

- 10 公斤以下的手提行李
- 可以視情況追加託運行李或指定座位

適合以下旅客

- ☑ 重視價格、想節省旅程中的機票費用的旅客
- ☑ 行程計劃已經確定的旅客
- ☑ 想自由挑選附帶服務的旅客

Happy Peach Plus

票價內含費用

- 10 公斤以下的手提行李
- 免費託運一件行李 *1
- 免費指定座位 *2
- 免收更改手續費 *3

適合以下旅客

- ☑ 不想受限於時間限制、希望增加行程彈性的旅客
- ☑ 行李數量較多、想要有連號座位的家庭或團體旅客
- ☑ 出差等可能經常需要更改行程的旅客

*1 運動用品或超重行李額外付費。

*2 僅限於標準座位和樂享座位。

*3 透過客服中心或機場櫃檯更改行程時需支付更改手續費，若更改後票價較高，本公司將收取票價差額，但更改後票價較低時，將不退還差額。

修改行程的手續費

網路更行程		透過客服中心更改行程		在機場櫃檯更改行程	
Happy Peach	Happy Peach Plus	Happy Peach	Happy Peach Plus	Happy Peach	Happy Peach Plus
1170 元	免費	1560 元	390 元	1950 元	780 元

託運行李費用

<國際線>託運行李費用	網路訂購		透過客服中心訂購		在機場櫃檯直接訂購	
	Happy Peach	Happy Peach	Happy Peach	Happy Peach	Happy Peach	Happy Peach
第 1 個	600 元	免費	1190 元	免費	1190 元	免費
第 2 個	1190 元	1190 元	1780 元	1780 元	1780 元	1780 元
第 3-5 個	1780 元	1780 元	2380 元	2380 元	2380 元	2380 元
超重行李	無法受理		600 元	600 元	1190 元	
運動用品	無法受理		600 元	600 元	2380 元	

座位相關費用

<國際線>座位指定費	網路訂購		透過客服中心 / 機場櫃檯加購	
	Happy Peach	Happy Peach	Happy Peach	
座位類型				
標準座位	150 元	免費	270 元	免費
樂享座位	240 元	免費	360 元	免費
特等座位	480 元		600 元	
先行座位	750 元		860 元	

上述為單一座位、單航程、單次的座位指定費

餐點訂購

詳細資訊，請自行上網查詢

轉機的注意事項

廉價航空通常都不會協助旅客轉機，旅客大多都需要自行先出關再重新至報到櫃台辦理登機，因此請先調查好機場內的移動路線，並且保留好飛機和飛機間的轉換時間（至少一小時以上），只要前一班飛機有任何意外延遲，趕不上下一班飛機，除非您有額外加購旅遊不便險，不然航空公司這邊是不會有任何賠償或補助。

除此之外，如果轉機的地方並非台灣護照可以直接免簽的地方，相關轉機的簽證問題，也是大家需要特別注意的，每個國家對於轉機可待的時間各有不同，甚至會要求你出示下一段航程證明，以確定你不會非法滯留，因此最好是把相關兩段行程都先列印出來，當海關需要你出示相關證明時，才不會手忙腳亂。

我就曾在歐洲利用兩家不同廉價航空轉機時發生慘劇，第一段飛機，在出發前兩周，告訴我本來的飛機取消，要提前一天搭機，但這樣還算幸運的，因為我不需要因此更改或取消第二段的機票，只是多了一天的時間要在轉機城市流浪一下，也慶幸我提早知道這件事，如果是到機場才被通知，班機還延誤，恐怕就不只是需要打發等飛機的時間，第二段的機票也接不上，如果還希望繼續下一段飛行，還得自掏腰包買新的機票，另外住宿也會浪費一天無法退費，不堪設想！

所以如果一定要利用廉價航空轉機，我會建議採邊轉機邊玩的方式，到一個要轉機的地方，多留幾天才搭下一班飛機（有時是為了等下一張便宜機票往另一個景點飛），如果是以這樣的方式旅行，會比較安全，只是有時買兩張廉價航空轉機的價格，不一定會比一張單點來回傳統航空公司的機票來的便宜。因此我建議，如果只是單純轉機，要先算好並且保留足夠的轉機時間，不然之後伴隨的風險其實是有點大的。

大部分的廉價航空公司都會要你自行出境，再入境登機，但其實也開始有一些廉價航空提供轉機相關的服務，只要你購買的機票符合相關的條件，購買的兩段機票都是同一個訂單代號，就會直接幫您將行李掛送到目的地了。像AirAsia也開始提供所謂Fly Thru的服務，只要選擇有提供Fly Thru服務的航班，並且轉機時間是在九十分鐘至六小時內，就能夠不須通關，直接做下一段航程的登機手續。以下我們來實際看看如何利用這個Fly Thru的服務吧！

在AirAsia 航空的網站可以查詢到以下的資料，正確資料請以此網站的內容為準。

http://www.airasia.com/mo/zh/our-connections/connecting-flights.page

什麼是「Fly-Thru」？

從一架航班輕鬆方便地轉乘另一架航班，讓你無須忍受在輸送帶領取行李的不便。提供包含是否**需要過境簽證、可否快速過境、行李是否可以直掛到你的終點站**等訊息。

在哪些地方可以使用 Fly-Thru ？

吉隆坡國際機場(Kuala Lumpur International Airport)(LCC 航站)

曼谷廊曼國際機場(Don Mueang International Airport)

如何決定哪個機場？

選好你想要轉機的機場時，點選用該機場的「互動式航線圖」，來規劃你的Fly-Thru 旅程。清楚該機場的互動航線後，開始進行訂票作業，在此不多述，請上AirAsia網站，選用 Taiwan 繁體中文語言。

第一步：辦理登機手續前

- 在我們的登機專櫃出示您的行程表。
- 預備您的旅遊證件給出發點及目的地雙方。

↓

第二步：辦理登機手續時

- 您託運的行李將會扣上印您目的地的行李帶。
- 您將被給予託運行李認領帶以便抵達吉隆坡（KUL） LCCT大樓時以作核實。

↓

第三步：到達吉隆坡

- 通往轉機大堂（抵達客運大樓後，請在扶手電梯前轉左，並依照指示牌的指示）。
- 您無需過關或領取您的託運行李。

↓

第四步：轉機大堂

- 出示您的託運行李認領帶以作核實。
- 我們的職員將為您辦理登機手續。

↓

第五步：離境大堂

- 透過轉機大堂通往離境閘口登機。

! 但目前從台灣出發，
有提供這個服務的只有以下幾個航線

由台北出發經吉隆坡轉機有以下航線：

澳洲－ 墨爾本、伯斯
印尼－峇里島、 雅加達、 泗水、萬隆、棉蘭
新加坡
馬來西亞－ 檳城 、蘭卡威、古晉
印度－清奈
泰國－普吉島、 清邁

行李遺失或損壞如何處理？

除了轉機的問題外，另一個令人頭疼的問題就是在行李遺失或損壞的部分，雖然一般會使用廉價航空旅行大多是採背包客（只帶一個登機行李）方式旅行，但如果真的遇到託運的行李，發生行李遺失或損毀時，還是可以和航空公司申請相關的補助或賠償。每家航空公司行李賠償的條款略有不同，申請的期限也不同，以下我們以捷星為例，來看看相關的規定

舉例，如果你的託運行李或手提行李丟失或損毀，你可以在抵達機場後向捷星行李台或捷星服務台（如無捷星行李台）的工作人員尋求幫助。如果是行李損毀，你需要將行李交由工作人員進行損失評估。

另外，你還需要在有關航空公司責任的法律和國際慣例所規定的時限內遞交書面索賠申請。以下是時限要求：

丟掉行李

索賠申請時限要求：

類別	損毀	延誤或丟失
國內航班	3天內提出申請	21天內提出申請
國際航班	7天內提出申請	21天內提出申請

延遲或停飛時怎麼辦？

這個部分，基本上要先看是甚麼樣的原因造成延遲或停飛，大部分的航空公司，如果因為天災或是航空公司本身的原因，多會進行全額退費或是協助旅客搭乘其他航班；退費的部分也因為支付的方式有所不同，如果是信用卡，應該就會採取刷退沖帳，如果是其他支付方式，可能就會採取航空公司抵用券或點數的方式，另外就是看看當初你購買的機票種類，也會有不一樣的保障形式，以下我們就以樂桃為例，看一下相關的服務規定吧！

取消或延誤原因	Happy Peach	Happy Peach Plus
旅客個人因素取消行程/退費	旅客取消訂位時需支付等同全額票價的退票手續費	在航班出發的1小時前取消訂位的旅客，本公司自付款金額扣除以下取消手續費後，差額以Peach點數退還。不受理現金及信用卡刷退等退款方式。 ** **航空票券費用以外的各項追加費用（託運行李及座位指定費等），不列入Peach點數的退還對象。** 只要旅客在預定搭乘日起6個月內提出書面申請，本公司將退還旅客服務設施使用費。但旅客需支付管理手續費（每航段新台幣1170元）。
天候惡劣等因素而導致之航班延誤及取消時的處理	1. 提供旅客轉乘Peach的其他航班（無法轉乘其他航空公司的航班） 2. 退費	1. 提供旅客轉乘Peach的其他航班（無法轉乘其他航空公司的航班） 2. 退費
樂桃航空自身事由而導致之航班延誤或取消時的處理	1. 提供旅客轉乘Peach的其他航班（無法轉乘其他航空公司的航班） 2. 退費	1. 提供旅客轉乘Peach的其他航班（無法轉乘其他航空公司的航班） 2. 退費

第二章 找到真正的廉價機票

在教大家如何購買廉價航空機票之前，有一件事一定要說在前面，那就是廉價航空，雖然打著低價的招牌，但很多時候，並不代表著絕對的划算，票價上的節省很多是來自於一些不便與時間的犧牲，例如出發或是抵達時間，非常的早或晚，而這樣的出發或是抵達時間很有可能會造成一些額外的花費，例如偏遠機場的接駁車費，或是為了要趕很早的班機，需要挑選離機場較近，或有提供早班機場接駁的飯店住宿。當然也是有人靠著睡機場來節省這額外的住宿費用，但就算省了住宿費，睡在椅子上造成腰痠背疼，要去國術館推拿的醫藥費，可能也要精算一下喔。

甚麼才是真正便宜的機票

在我的觀念中，除非廉價航空真的有令人無法拒絕的價格出現（例如飛日本比飛澎湖還便宜或是低於北高來回高鐵票價時），不然一般普通航空公司的機票並非真的高不可攀。除了在旅遊旺季時，廉價航空的票價看起來也許會比較有競爭力外，在一般的淡季，加上如果有提早規劃購票，以目前航空業如此競爭的情況下，只要多加一些錢，便能享受更多的託運行李空間，加上飛行餐點與彈性的行程調整，對於覺得難得出國一趟想好好享受的朋友來說，傳統航空的票價其實有時也是相當具競爭力。

在清楚實際的狀況，並對廉價航空機票有正確的了解後，我們就可以來專心搶票了。首先，我們要先了解該航線的一般行情，以台灣的網站來說，國內幾家旅遊網站Ezfly、Eztravel和燦星，或是一些傳統老牌的旅行社業者的網站，如雄獅、東南，都是大家調查行情的好來源。心中有個底之後，大家在搶票的過程中，才不會被這些廉價航空網站上的大特價或半價促銷等聳動字眼給輕易煽動。

就像我們在前面一直提到的，廉價航空的機票在購買之後要做任何的變更都是相當麻煩的，所需要支付的手續費和機票相比也相當的不划算，另外有些人可能會想說，那我就上網看看大家的評論來決定到底要不要出手就好，但網路上的很多評論，有時都過於偏頗，在規劃旅行的過程中，每個人在意的點都各不相同，對別人來說不划算的機票，不一定就對自己不划算。因此，了解行情，了解價差，然後自行判斷是否要購買廉價航空的特價機票，這樣才是最正確的做法。

如何發現特價機票

其實在前面的章節，我們已經或多或少透露出一些管道，可以幫助大家找到這些特價機票，以下就來做一個簡單的整理。

1 各大廉價航空的粉絲團與電子報

想要得到第一手的特價資訊，加入這些廉價航空公司的粉絲團或是訂閱電子報絕對是最準確的消息來源，前面曾經提過，這些廉價航空和傳統的航空公司不同，比較少花大錢做形象廣告，也很少在視聽媒體上做宣傳，因此，網路便成為他們行銷的最佳利器：舉辦活動，和粉絲們互動，回答問題，甚至是訂票的教學，都能夠在這些廉價航空的粉絲頁或電子報中找到。身為專業的廉價航空達人，你怎麼能放過這樣一個豐富的資訊來源呢 ？

2 社群網站上的一些廉價航空討論頁

除了這些廉價航空公司官方經營的粉絲團與電子報外，由於這些年廉價航空的流行，其實像Facebook這類的社群網站中，都可以找到不少相關討論。這些粉絲頁，有些是熱愛廉價航空旅遊的網友在維護，有些是旅行社所維護，所以除了機票的情報外，也可以在這些粉絲頁中找到一些住宿相關的特惠情報，而且以目前大家一天至少查看幾十次Facebook更新的狀況下，比起email，也許透過這樣的管道所得知的消息才會是最即時且快速的。而搶廉價航空的特價票，最重要的就是兵貴神速，能夠比其他人早一步知道特價行情，就能比別人多增一分搶到特價機票的機率！

3 BBS或背包客網站

身為資深潛水鄉民的我，常利用BBS電子佈告欄來收集各式各樣的的情報，也是一件很合理的事情。以目前台灣大家最常上的PTT來說，關於旅遊的討論區，是根據旅遊的地區來劃分，而這些討論版上，常會出現相關的機票討論，甚至在官方正式消息出來前，有些厲害的鄉民就已經向大家宣告可能會有的特價活動，像AirAsia的東京航線特價，我也是在PTT得到消息，而提早密切注意相關的特價行情，才搶到暑假旅遊旺季出發的特價機票。

不過說到BBS，可能有很多朋友會說，那如果我不會用BBS那不是沒轍？其實一點都不需要擔心，因為PTT早就已經有網頁版了只要直接開啟一般的網頁瀏覽器，就能夠看到BBS上的內容了。除了BBS之外，背包客棧，也是各位可以好好注意，和發掘的寶地。廉價航空，本來一開始最適合的就是像背包客這樣的旅行方式，因此想要知道廉價航空機票的第一手消息，只要是和背包客有關的網站，通通不能錯過，而背包客棧無論你是已經身經百戰的背包老手，或是剛出新手村的背包寶寶，都能夠在這裡找到你所需要資訊和消息。

PTT：http://www.ptt.cc/bbs/index.html

背包客棧：http://www.backpackers.com.tw/forum/

4 報紙或廣告

雖然說廉價航空比較少使用傳統媒體來做宣傳，但在媒體中，比較便宜的通路，還是受到一些廉價航空公司的青睞：像是報紙或廣播，就是最常使用的管道，無論是捷運上拿到的免費爽報，又或是其他需要付費的報紙，不時都會出現一些航空公司的特價消息；而廣播則是計程車運將們的最愛，像我就曾在出差坐計程車時，因為聽到運將的廣播，得知特價的消息，立馬拿出我省吃儉用存錢買來的智慧型手機，上網查閱最新的特價機位。

5 特別節日或航空公司周年活動

另外，除了透過以上管道得知的特價消息外，一些特定的節日，也常是廉價航空公司把握時間進行促銷的時候，所以在享受節慶歡樂的同時，也不要忘記多多查閱一下，去瀏覽國家航線的廉價航空公司網站，如此一來，說不定還能收到一些天上掉下來的禮物。

而哪些節日，是這些廉價航空最常做特價的呢？一般最常見就是情人節和農曆新年；情人節的特價通常都是要搭配兩人同進同出，對這些廉價航空來說，機位的閒置，是相當可怕的浪費，因此只要能夠多出清一個空位，對廉價航空公司來說，都是莫大的幫助，搭著情人節出雙入對的氣氛，廉價航空公司們更是不能錯過這加速出清機位的好機會，所以此時，也比較容易出現比平時單個機位出售時更優惠的價格。但一定也會有人問說，那我沒有情人，又或是情人沒有空陪你出遊怎麼辦？別擔心，航空公司從來都沒有限制一定要情人，才能夠買這種特價票，只要能一次湊兩個人同進同出，無論你是情人還是朋友，甚至是從網路上找到，一起團購的網友，通通都能夠享有這樣的優惠票價。

除了情人節之外，各家航空公司的周年慶也是比較容易出現較優惠的特價時段。某些航線啟用的週年紀念，也是各位想搶購廉價機票的朋友們，不可錯過的好機會，有時甚至能碰到買一送一這樣驚人的特價機票。

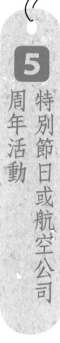

善用網路比價

廉價航空百百款，如果要一個一個連到各家的網站找相關的資料，可說是相當辛苦，如果只是找亞洲，從台灣出發的廉價航空可能還好，畢竟目前有飛的航空公司還不算太多，每家也有主攻的航線，只要確定好目的地，相關的資訊其實還算好找，但如果是從其他地區出發，很多時候我們甚至可能連當地有那些廉價航空都不太清楚，光是要找有哪些航空公司、飛甚麼航線就要花不少時間，更不用說還要比價了。以下我們提供幾個背包客覺得好用的網站，有些是提供航空公司的資訊，有些是可以直接進行比價，如果在一開始毫無頭緒時，這些網站都是不錯的選擇。

全球低價航空公司

www.attitudetravel.com/lowcostairlines/

這個網站主要提供廉價航空的資訊，方便的地方在於，它是以地域做區分，只要點選想飛的區域或國家，就能夠找到從當地出發的廉價航空，如果需要更進一步資訊，再點選裡面所附的連結就可以，而且這個網站還會整理出近期的特價活動，相當方便。缺點就是亞洲的資訊比較不完整，但如果是前往非亞洲國家的時候，這個網站可以提供不少相關的訊息。

澳洲廉價航空比價網

http://iwantthatflight.com.au/

台灣前往澳洲打工度假的人相當多，因此，在澳洲移動，或是要由澳洲前往別處需求也越來越多，這個網站集合了澳洲幾家比較大的廉價航空，可以直接進行比價。

Lastminute

http://www.lastminute.com/

從字面上，就可以看得出來，這是在找最後一分鐘出發的飛機，之前有提到，對航空公司來說，空位其實就等於浪費，如果在出發前，能多賣一個位子，就對航空公司的收益有多一分幫助，這個網站就是在收集這樣的機位，就像現在許多即期商品的雜貨店一樣，航空公司也會用比平時更便宜的價位，在班機出發前釋出這些剩餘座位，有時運氣好，剛好能搭配上行程的話，就能用相當不錯的價格，買到這些機位。更好康的是，這些機位並不只限於廉價航空，透過這種方式，也有可能買到一般有完整服務的機票。

Cheapflights

http://www.cheapflights.co.uk/flag.html

這個網站主要提供歐洲和美洲機票的比價，方便的地方在於有提供特別優惠的直接查詢。

Whichbudge：

http://www.whichbudget.com/

這是專屬於廉價航空的比價網站，好處是當你設定好你的國家時，它會直接在首頁上列出附近你可以前往的國家目前有哪些便宜的機票，還會幫你把價格由低到高，全部列出來。

SKYSCANNER：

http://www.skyscanner.net/

這個是歐洲背包客們都會使用的網站，在廉價航空十分發達的歐洲，想要一家一家的去找資料實在太辛苦，這個網站能夠直接幫你搜尋大部分的廉價航空機票，而且是以上我所提到所有網站中唯一有中文的，而且還是正體中文，不是只有簡體，從語言的支援程度，就能知道這個網站有多大的使用者群了。

如果以上都找不到你想要的資料，維基百科也是各位的好朋友，這個頁面維護得相當不錯，可以直接找到各國的廉價航空公司。

維基百科(Wikipedia)：http://en.wikipedia.org/wiki/List_of_low-cost_airlines

圖解訂票流程

好的，現在已經收集完相關的資訊，同時也做完了比價，找到適合自己的機票，各位是不是已經迫不及待，摩拳擦掌要準備下訂機票了呢？接下來我們就以樂桃航空為例，來教大家怎麼一步一步完成線上的訂票手續！

Step 1 上航空公司的官網

說明:

這裡有航班查詢和訂購的區塊，根據需要種類（來回或單程）、出發地、目的地與來回程的日期和人數種類，就可以查詢到需要的航班了。

Step 2 選取需要的航班：選擇去程的時間與航班，不同時間、時段，有不同的金額

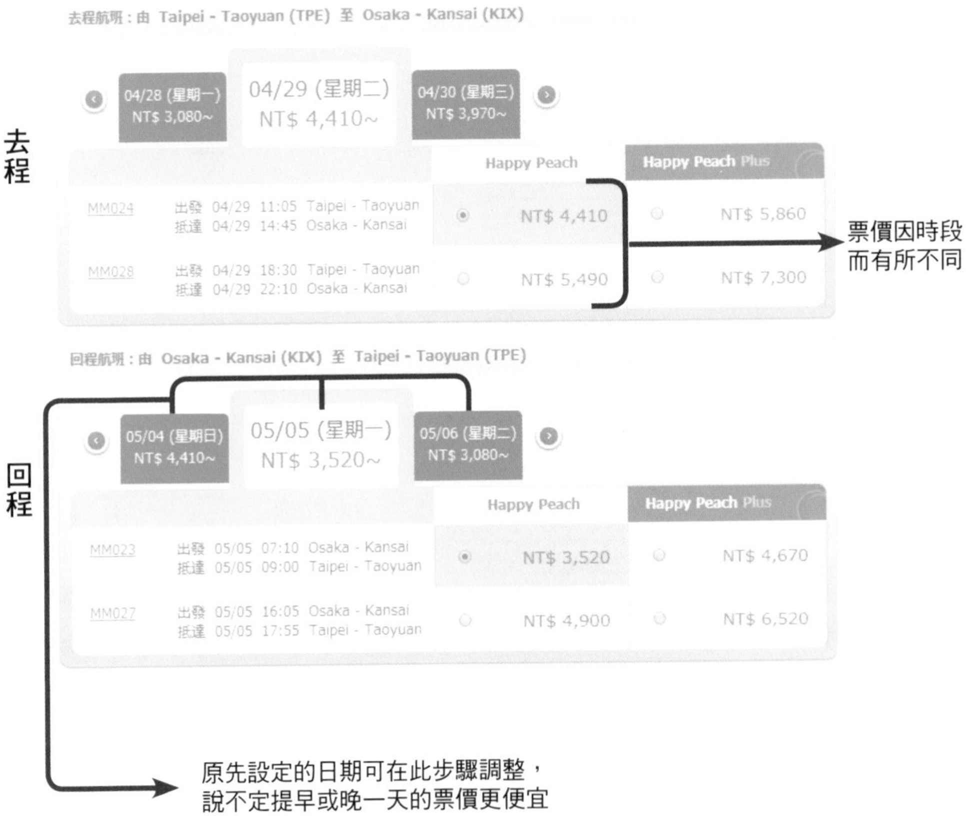

說明:

點選好自己想要的出發和回程日期後，就會出現上面的結果頁面，一開始系統會直接幫各位預選，出發航班票價最便宜的的班次，而最便宜的航班通常就是比較差的出發時間，例如晚去早早回，這邊就看個人的選擇了。以樂桃來說，比較差的就是回程的部分了，這個早班飛機真得太早了，很多人可能都必須要選擇前一晚睡機場，或是機場飯店，不然要從大阪出發趕到這班飛機是相當刺激的事情，只要路上有任何一點小意外，你就很有可能在機場目送其他機上的乘客離開。唯一的一個好處，若是上班族的朋友，回到台灣之後，不覺得累的話，時間上是來得及直接再去上班的，所以回來的當天可以不用請假，而且進辦公室時，還可以跟同事們炫耀，我今天可是搭飛機來上班的；但以小編的習慣，基本上，還是會讓自己好好休息收心一下，畢竟剛玩回來，根本就無心工作，就算去了辦公室，恐怕也只是遭同事和老闆的白眼，因此，不如就也一併請個假，回到家之後，慢慢收拾一下，補個眠，晚點再來整理戰利品，隔天再精神奕奕地去上班就好。

Step 3 輸入乘客與聯絡人資訊

輸入連絡人資料

輸入乘客名單

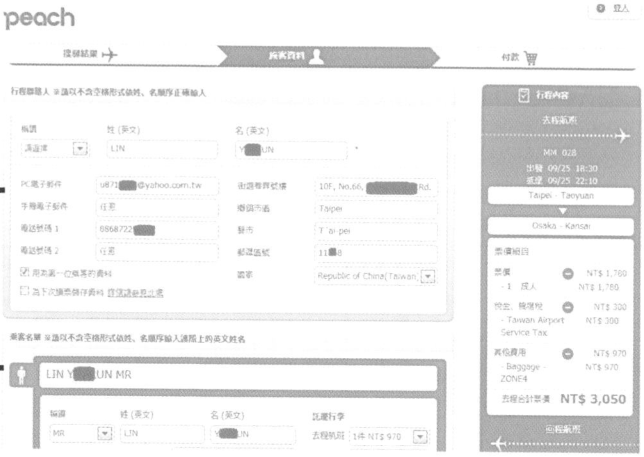

說明:

到了這個步驟，我們已經差不多快完成所有訂位購票的步驟了。首先，你需要輸入一位聯絡人的資訊，如果只有幫自己訂機票的話，當然就是填自己了，如果是同時多人一起訂票的話，就任選一位來當作聯絡人。之後，整個訂票完成之後，系統會透過email寄出訂購的行程與收據，所以這邊的email一定要填一個自己收得到也穩定的信箱。

另外關於額外購買的託運行李，也是在這個頁面中選擇，去程與回程的託運可以分開購買，而指定座位的部分也是在這裡選擇。

依飛機上的座位圖選位

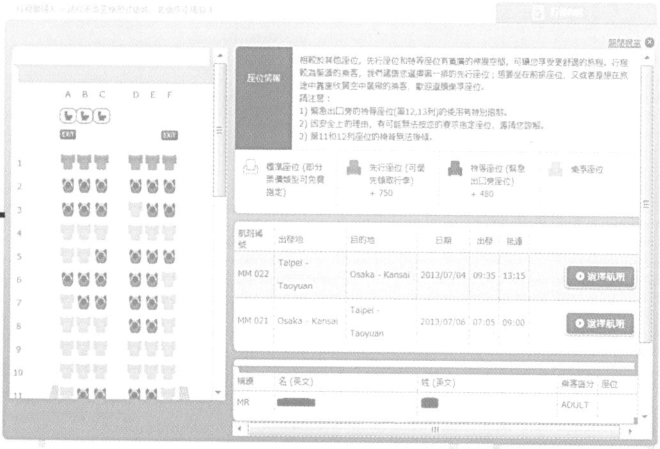

說明:

點選指定座位之後，就會跳出以上的選擇畫面。畫面上只要沒有小人坐的位置，都可以選擇，而座位的收費會跟所在的位置有些不同，如果有需要指定座位的朋友，要注意一下網頁上的說明，以免在最後結帳時，多冒出自己意料之外的收費了。

Step 4 結帳付款

輸入信用卡資料

說明:

當各位看到這個頁面，就代表距離完成訂票只剩最後一步了，以樂桃來說的話，付款的方式主要有兩種，一個是用信用卡，另一個是使用Peach點數。信用卡的部分有支援VISA和Master，選擇要使用的信用卡發卡機構，根據網站指示，填入相關的信用卡訊息，最後送出訂購，只要相關的認證通過，就可以等著收email發來的確認信函。

Peach點數驗證

說明:

如果你有Peach點數的話，只要輸入點數的編號與驗證碼，就可以利用Peach點數來買機票了。

Step 5 確認訂購的機票行程

peach

感謝您在flypeach.com訂購本次旅程。

請確認您的行程內容和相關條款。

登機手續用條碼

12345678910

請將本條碼放在掃描器下進行掃描

訂單編號 ： LW32R45

說明:

只要訂購的流程都沒有出錯，各位就會收到一份確認email，這份email相當重要，在出發前，請務必將它列印出來，帶在身上，到時在機場報到時，再交給服務人員做報到動作，又或是直接利用上面的條碼，使用自動報到機進行check-in；不過以樂桃來說，從台灣出發時，目前似乎還無法使用自動報到機來報到；但如果是從關西出發時，由於樂桃有專屬的航站，雖然現場有樂桃人員協助，但其實也只是協助各位使用自動報到機來做check-in而已，因此這份文件就顯得非常重要了，另外這份email也會列出所有你訂購的項目，如果在機場，發現有任何與本來訂購的行程有出入的時候（例如託運行李的數量不同），有這份文件，也比較好有個做應變的憑據。

上機前的其他注意事項

每個人出國旅遊時的習慣不盡相同，所以在出發前需要準備與注意的地方也都不一。不過我做慣背包客，向來習慣以兩袖清風的方式出門，就連現金都帶得不多（其實是太窮帶不了多少），如果遇到住宿或是交通等費用，也都是盡量先在網路上下訂時，就直接用信用卡付清，這樣一來就能夠以最精簡的狀態出門！

以下我再來為各位整理一下，出門時，可能要額外注意的一些狀況吧！

簽證

在轉機部分的章節，我們已經有稍微提到關於簽證的部分，這裡再次向大家做一個比較清楚完整的介紹。目前台灣的護照其實已經相當好用了，前往主要幾個廉價航空會抵達的國家，大多都已經擁有免簽或是直接落地簽的服務，因此需要事先辦簽證這件事情，相較以往已經少很多，不過，如果遇到需要轉機時，因為廉價航空大多採取自行出關再入關的轉機方式，為了保險起見，各位在安排出國之前，最好還是先確認一下自己要前往的國家或轉機的國家是否有需要額外申請簽證，尤其是當你想使用邊玩邊轉機的方式時，以下我們來教大家怎麼查詢前往國家簽證相關訊息的方式吧！

首先讓我們先連上外交部領事事務局的網站吧！

外交部領事事務局：http://www.boca.gov.tw

第一步：點選〔出國旅遊資訊〕

↓

點選〔各國暨各地區簽證、旅遊及消費者保護資訊〕
輸入你要前往或轉機的國家名稱，並點選提交（請輸入中文、英文是無法搜尋的），就會列出搜尋到的國家，點選該國家，就會列出該國相關的訊息

↓

點選〔簽證及入境須知〕
最後就能看到相關的簽證與入境訊息，如果有需要簽證，就根據網頁上的描述，再自行準備要辦簽證相關的資料就可以了。
另外，外交部也整理了一份文件，列出所有目前使用護照就可以免簽或是使用落地簽的國家，如此一來，照著這份文件中搜尋的到國家，大家就可以安心地拿著護照直接前往了。

匯兌

現在出國消費使用信用卡已經相當方便，也有不少銀行都有提供海外刷卡免手續費的服務，但難免會遇到需要使用現金的時候，例如買買路邊攤打牙祭，又或是買些小紀念品。

有時間的人，可以先上這個網站http://www.taiwanrate.org/做比較，再挑選最好的匯率做兌換，但各家銀行在換匯時，有可能會需要收取額外的手續費，尤其是前往旅遊的人，通常不會換大筆現金在身上，因此即使匯率好，加上手續費後，就不一定划算了。所以懶惰如我本人，最常使用的就是臺灣銀行的線上買匯，不但免手續費，根據不同幣別，還能享有不等的匯率優惠，除此之外，還可以指定領取的臺灣銀行據點，這樣就算腦袋時常破洞，出門老是忘東忘西的，也不用擔心忘記帶現金，到了機場之後，再向機場的臺銀櫃台領取就好。

不過這個服務雖然方便，但有些地方需要額外注意：第一個就是機場臺銀櫃臺的營業時間，如果你出發的時間非常早或非常晚，櫃台有可能已經關閉，以桃園國際機場的臺銀來說，它的營業時間是早上的七點到晚上的九點，如果你不是在這段時間內前往機場，就可能需要提早找其他方便的地點領取現金；另外一個要注意的是買匯時間，如果是在當天下午的三點二十分之前完成所有買匯手續的交易，可以在次個營業日領取，但如果超過下午三點二十分才完成的交易，就必須要等到次次個營業日，才能夠領取了，最久，可以選取七日後的一天來領取你所換的外幣。以下，我們就來看看怎麼使用臺灣銀行的線上買匯吧！

首先連上https://fctc.bot.com.tw/

臺灣銀行的線上買匯

點選馬上申購
↓
選擇要選購的幣別
↓
選擇需要面額的張數
↓
確認相關的服務說明與約定事項
↓
填寫相關需要的基本資料
↓
確認填寫的相關資訊，以及需要繳納的台幣費用
↓
最後交易確認

只要到自動提款機，將錢匯到系統提供的專用繳款帳號，這樣就完成外匯換款的步驟，之後，系統會發信確認匯款的情況，到時候，只要帶著護照和確認的email，就可以在你指定的銀行領取你所需要的外幣了！

第三章 搭廉航遊亞澳

自 2004 年開始，捷星航空入駐桃園機場，自此廉價航空公司如雨後春筍般紛紛開航，航線也是一條接著一條新增，叫人實在眼花撩亂，心癢手更癢。截至 2013 年止，我們的選擇性已增加至 11 家航空公司（不含包機），航線版圖也從東南亞擴張至幾乎全亞洲。如何在眾家爭鳴的時代，找出對自己最有利的選擇，在在考驗著小資旅行者的智慧。

已在台灣設點的廉價航空

台灣廉價航空的航線以浪漫的方式來說，走左岸風格，北至日韓、南至澳洲，沿著太平洋左岸畫出一條條連接線。不過目前台灣的廉價航空都是外籍兵團，許多航線看似四通八達，其實台灣直飛的航線並不多。例如韓籍釜山航空的台灣直飛點只有韓國釜山；航線版圖超過二十個國家的亞洲航空，直飛點也只有馬來西亞的吉隆坡、亞庇，菲律賓的克拉克和日本東京成田機場，其餘航點都得轉機，再加上廉航的班次較少，在轉機點等上十幾個小時也不算罕見。

所幸廉航的票價計算與一般航空公司不同。以台灣飛黃金海岸為例，直飛價格在不折扣時為一萬五上下，必須在吉隆坡等五個小時才能轉機；如果從台灣飛吉隆坡，停留吉隆坡玩個幾天後再轉飛黃金海岸，票價不僅和前者無異，還增加了旅遊的豐富度，運氣好再遇上特價（從航空公司國籍所在地出發的航班特價比較頻繁、多樣），最多可能省下四千元！

另外，一般航空公司的來回票都會比兩張單程票便宜，但廉航的票價就是單純的一加一，沒有折扣的餘地，這種方式看似傷荷包，卻增加了旅行的彈性，不僅不必再拘束於同一點進出，想怎麼跑就怎麼跑，還可以利用來回票分開買的機會，設計不同的轉機點，讓機票發揮最大的價值。

千里飛行始於台灣，我們就先來了解在台灣設點的廉價航空有哪些，能帶我們飛到哪些地方吧！

捷星航空（Jetstar Airways）

捷星航空是台灣廉價航空中市佔率最高的航空公司，也是第一家入駐台灣天空的廉價航空。它的航線數量雖比不上亞洲航空，卻有許多令人心動的觀光路線，例如別家廉航沒有的夏威夷檀香山和紐西蘭五大城；捷星的台北飛大阪航線在樂桃航空開航前，幾乎是獨占鰲頭，後來雖然被樂桃航空瓜分了不少市場，但它仍以早去晚回的時間優勢，留住旅客的青睞。

捷星有2個吸引人的特點：一、浮動票價，雖說每家廉價航空都會有特價機票，但捷星的票價是浮動的，常常會有所調整，雖說前後可能只差個幾百元，但既然選擇廉價航空，自然對那幾百元也想斤斤計較。二、偶爾會在不同國家的網站推出買一送一的優惠，但活動不一定有侷限出發地，也可以逛逛別的國家的捷星網站，如新加坡捷星，或許就能撿到好康。還要提醒一件事，捷星刷卡訂票需收台幣三百六十元的手續費。

亞洲航空 (AirAsia)

亞航在台灣的市佔率在2012年底的統計，僅次於捷星航空，但它不僅是亞洲最大的廉價航空，也連續四年獲得全球最佳廉價航空的殊榮。從台灣出發的直飛班機雖然只能到菲律賓的克拉克、亞庇、馬來西亞的吉隆坡和日本的東京四個點，但經由吉隆坡這個大轉運站，便可飛往超過20個國家。

亞洲航空經常舉辦大特賣活動，如果手腳夠快，東京來回的機票費和北高的高鐵來回票差不多，只是這種特賣活動都是限時限量，活動大約提早一至兩個禮拜預告，訂票時間約一個禮拜，出發時間大多在訂票時間後的兩個月，即使對上班族來說，也有時間能做好工作安排，或湊到足夠的假期。

樂桃航空 (Peach)

日系的樂桃航空才登台不久，就受到許多哈日族的喜好。從台灣出發，它只能抵達日本的大阪和沖繩，但飛到大阪後，能轉往日本七個城市，範圍自北海道到九州、四國都有，或是向西飛往韓國的首爾、釜山。

搭乘樂桃航空必須注意的是，在關西機場辦理登機手續時，必須先列印出行程內容確認信件，於50分鐘前至自助登機櫃台，掃瞄信件上的條碼後才能印出登機證，並辦理行李託運。在其他機場，只要直接到樂桃櫃台辦理登機即可。

酷航（Scoot Airline）

新加坡籍的酷航是2011年創立的超年輕廉價航空公司，主要訴求充滿個人色彩及年輕現代感的服務，專攻年輕族群市場，剛成立時甚至在某個航班中，機師和空姐在機艙大跳江南大叔，徹底展現酷航年輕有活力的氣質。

酷航的經濟艙座位不再是整齊劃一的統一尺寸，而是依個人需求，選擇是否付費購買較寬敞的座位，甚至還規劃出兒童止步的寧靜區，讓長途飛行的旅客只要加價就能享受耳根清淨的旅程。

若一時眼花選錯日期或填錯資料，酷航提空貼心的12小時更改制度，只要在12小時內進行更改，酷航都不另外收費。但如果更改後的票價和訂票時票價有差異，則是少補多不退，目的地也不能更改，否則會全額沒收訂票時給付的費用。

釜山航空 (Air Busan)

韓流興起，想追星的粉絲們在2011年終於也能以低廉的價格，直接從台灣飛往韓國，暢遊韓劇景點。釜山航空成立於2007年，在短短兩年內即累積破百萬的乘客數，除韓國境內往濟洲、首爾航線外，它還積極擴展至日本、中國的航線，如果想暢遊東北亞，可以善加利用釜山航空。

如果運氣夠好，訂張來回機票費用可能比去香港還便宜，甚至出現買一送一的超級優惠，有前往韓國計畫的人，緊盯著它的網頁準沒錯。釜山航空票價雖然低廉，服務卻不像廉價航空，其特別的服務包括開票當日退票無手續費，比12小時更改不收費的酷航更加彈性；且有20公斤的免費託運行李，也是亞洲的廉價航空少見的優惠服務；機上還免費提供報紙、飛機餐、飲料。更有趣的是，釜山航空也積極發展異業合作，只要手持機票票根，就能在如飯店、餐廳、或秀票等合作企業享有特殊優惠。

虎航（Tigerair）

自2003年開航以來，已成為新加坡載客量最大的廉價航空，服務範圍原本限於距新加坡飛行時間五小時以內的城市，後來他們積極與國外合資建立海外據點，逐漸將版圖擴增至澳洲、印度等較遠距離的國家。總結來說，由於新加坡的地理位置，虎航的航線涵括了東南亞、南亞及南半球。

虎航是到澳洲打工旅遊的背包客經常選擇的航空公司，澳洲虎航的城市多是背包客聚集之處，包括內陸的愛麗絲泉、南部的塔斯馬尼亞等，更不用說幾乎連成一線的東澳沿岸城市。和澳洲內陸昂貴又耗時的火車相比，只要選對時機下手，對金錢錙銖必較的背包客來說，肯定能省下一大筆開銷。

春秋航空（Spring Airlines）

二〇一三年十月才進入高雄機場的陸籍廉價航空公司，每週日和每週三各一班上海浦東機場來回高雄小港機場的航班，為兩岸直航增加全新的選擇。

網站上特別註明部分航空會進行適當的超售，如果發生超售，春秋航空會拒絕部分旅客登機，但會提供兩百人民幣的現金補償，並辦理退票、變更，及安排空間休息。

另一點需要特別注意的是，必須有大陸銀行的帳戶才能直接在網站上付款，否則就必須以SKYPE OUT的方式以語音刷卡付費，且限以美元、港幣或日幣支付，換言之，購票時還必須計算匯率和國外刷卡手續費；而且必須以SKYPE軟體語音訂購，如果。到機場辦理登機手續時，也必須攜帶訂票時使用的信用卡，若沒帶卡，航空公司有權拒絕讓你登機。國際線尚無加購託運行李額度的服務，如果超過免費的15公斤（隨身行李加託運行李），就只能在機場支付過重的費用了。

德威航空（T'way airline）

德威航空是少數訂票時不需立即付費的廉價航空公司，也是少數入駐松山機場的廉價航空公司，只可惜它的航線也很少，松山來回韓國首爾的金浦機場，每週一、三、五、日各一班，午去早回（二、四、六則由聯營航班易斯特航空提供服務）。除了沒有機上娛樂設施、毛毯枕頭外，服務和一般航空公司沒有太大差異，也有二十公斤的免費託運，還於2012年榮獲韓國低成本航空評比第一名。

就票價而言，如果沒有遇到其他航空公司早鳥票價，至少可省下一千元。再則，金浦機場有地鐵線相連，至市區也非常方便，對住在台北、想去首爾度個小假的背包客來說，是非常省時省錢的選擇。

易斯達航空（Eastar Jet）

和德威航空為聯營航空，瓜分松山來回金浦的遊客。比起德威航空，退票手續費只要兩千五百元（德威航空退票手續費為三千元），如果不是促銷票，改名、改日期至起飛前三小時都收取一千五百元。

宿霧太平洋航空（Cebu Pacific Air）

宿霧太平洋航空是菲律賓籍的航空公司，因此常可以找到便宜的菲律賓旅遊行程，例如擁有全世界最美麗海灘的長灘島。不過宿霧太平洋航空惡名昭彰，誤點幾乎已是司空見慣，也常發生超賣，旅客滯留機場無法辦理登機，公司又未能妥善處理的新聞。所以雖然機票便宜，使用時除了記得早點去check-in，也必須隨時做好臨機應變、甚至夜宿機場的準備。

香港快運航空（HongKong Express）

二〇一三年六月才轉型為低成本航空的香港快運航空，以香港機場為基地，飛往東南亞、中國、日本及韓國，其中也將於2013年11月開設台中往返香港的航線，每日兩班，特惠時含稅票價不到五千元。只是公司還在轉型階段，票務運作比較混亂，曾發生因購買太過踴躍，而發生取消機位或未發出確認郵件的烏龍。

香草航空（Vanilla Air）

全日空的子公司，二〇一三年八月成立，二〇一三年十二月底開設桃園來回東京成田機場的航線。

濟洲航空（Jejuair）

創立於2005年1月，於2006年6月5日起正式營，2015年4月8日起開航釜山-台北（桃園），濟州航空預計一周有7班往來釜山-台北，不提供免費毛毯、軟墊、酒類、嬰兒食品及熱食，訂餐須另外付費。乘客可免費托運一件15公斤行李，並免費攜帶一件未滿10公斤的登機行李。

越捷航空（VietJet Air）

創立於2007年，為越南的第一間私人的航空公司，經營由胡志明市及河內出發的國內線以及亞洲區域國際線。越捷航空於2014年12月正式開航台北-胡志明市航線！越捷每週提供五個班次來回(除週四、六外)，來回票價也相當優惠。

威航（V air）

臺灣第一家全本土的低成本航空公司，為復興航空全資擁有，2014年3月24日發表以臺灣黑熊為主的企業標識，2014年12月17日正式開航。確定開航航點包括往返台北與曼谷、烏汶、澳門及吳哥窟。

各家廉價航空服務一覽表

	機型	行李費	隨身行李限重	網址
捷星航空	A320系列	收費	10公斤	http://www.jetstar.com/sg/zh/home
亞洲航空	A320系列	收費	7公斤	http://www.airasia.com/tw/zh/home.page
樂桃航空	A320系列	收費	10公斤	http://www.flypeach.com/tw/home.aspx
酷航	B777	收費	7公斤	http://www.flyscoot.com/index.php/zhtw/
釜山航空	A321，B737	20公斤免費	10公斤	http://www.airbusan.com/AB/airbusan/CN/main.jsp
虎航	A320	收費	10公斤	https://www.tigerair.com/tw/zh/
春秋航空	A320	10公斤免費	5公斤	http://www.china-sss.com/
德威航空	B737	20公斤免費	10公斤	http://www.twayair.com.tw/
易斯達航空	B737	20公斤免費	7公斤	http://www.eastarjet.com.tw/
宿霧太平洋航空	A310，A330，A320	收費	5-7公斤	http://www.cebupacificair.com/web-cn/Pages/default.aspx
快運航空	A320	收費	10公斤	http://www.hkexpress.com/
香草航空	A320	20公斤免費	7公斤行李+3公斤手提電腦	http://www.vanilla-air.com/
濟洲航空	B737-800	15公斤免費	10公斤	http://www.jejuair.net/jejuair/main.jsp
越捷航空	A320-200	收費	7公斤	http://www.vietjetair.com/sites/web/zh-tw/home
威航	A321-231	收費	10公斤	http://www.flyvair.com/zh/

未在台灣設點的廉價航空

	航空公司	公司國籍	飛行區域	特色	網址
東亞的廉價航空	真航空（Jin Air）	韓國	日、韓、東南亞	不劃位飛行	http://www.jinair.com/Language/CHN/
東亞的廉價航空	北海道國際航空（Air Do）	日本	東京至北海道各城市	有20公斤免費託運行李，網路預約可以選位。	http://www.airdo.jp/ap/index.html
東亞的廉價航空	天馬航空（SKYMARK AIRLINES）	日本	日本國內	各式早鳥票優惠方案。	http://www.skymark.co.jp/zh_TW/
東亞的廉價航空	亞洲天網航空（Skynet Aisia Airlines）	日本	日本國內	推出暢遊日本VISIT JAPAN套票，每航段只要1萬日元。	http://www.skynetasia.co.jp/
東南亞的廉價航空	獅子航空（Lion Air）	印尼	東南亞	使用波音737。	http://www.lionair.co.id/
東南亞的廉價航空	菲鷹航空（Airphil Express）	菲律賓	菲律賓、香港	有打8折的學生票	http://www.flypalexpress.com/
東南亞的廉價航空	飛鳥航空（Nok Air）	泰國	泰國、緬甸、寮國、馬來西亞	有免費託運行李額度	http://www.nokair.com/nokconnext/aspx/Index.aspx
東南亞的廉價航空	泰國東方航空（Orient Thai Airlines）	泰國	泰國、香港、廣州	推出有折扣的預付卡	http://flyorientthai.com/th/home/
東南亞的廉價航空	飛螢航空（Firefly）	馬來西亞	馬來西亞、印度尼西亞、泰國	設立東南亞最大的ATR飛機師與機艙人員及工程師訓練中心	http://www.fireflyz.com.my/
東南亞的廉價航空	馬來西亞之翼航空（MASwings）	馬來西亞	馬來西亞東部	以馬來西亞東部國內線為主	http://www.maswings.com.my/en

	航空公司	公司國籍	飛行區域	特色	網址
南亞的廉價航空	德干航空（Air Deccan）	印度	印度	網站可訂購巴士票卷，連結陸空交通	http://www.deccanairlines.in/airdeccan-tickets.html
	靛藍航空（IndiGo Airlines）	印度	印度、尼泊爾、泰國、新加坡、杜拜、阿曼	準點率是印度航空中最高	https://book.goindigo.in/skylights/cgi-bin/skylights.cgi
	香料航空（Spice Jet）	印度	印度、尼泊爾、斯里蘭卡、杜拜、泰國、廣州	提供團體票訂票服務	http://www.spicejet.com/
中東的廉價航空	半島航空（Jazeera Airways）	科威特	中東、歐洲、南亞	搭10次送1次。	http://www.jazeeraairways.com/
	薩瑪航空 Sama Airlines	沙烏地阿拉伯	中東	可透過航空公司、旅行社、網路或ATM等4種方式訂票。	http://www.flysama.com/
	阿拉伯航空（Air Arabia）	阿拉伯聯合大公國	中東、北非、印度、中亞、歐洲	中東地區的廉價航空公司評選第一名	http://www.airarabia.com/home
紐澳洲廉價航空	維珍澳洲航空（Virgin Australia）	澳洲	澳洲境內	機上提供多頻道實時衛星電視服務（一次性收費），可累積哩程。	http://www.virginaustralia.com/au/en/

大陸旅程規劃

亞洲是五大洲中面積最大的，想要一次玩透透，必須攢足大量的經費和假期，在做人不要太貪心的基本原則下，我將亞洲分為幾大部分，如中國、南亞、東北亞、東南亞等，一一為各位介紹走跳各區時，在交通路線上應注意的事項，也依主題或國家設計了幾項旅程，並列出相關的交通花費。必須再次提醒的是，機票依淡旺季會有價格的波動，廉價航空更會因為航空公司老闆的心情而不停變動，本書中所列價格為我下筆時在各廉航官方網站上查到的最低價格（一〇二年九月至十月），實際購票時價格可能與書中所列略有上下。若在規劃初期想依書中價格抓預算，近程最好多加個三、五千元，遠程則連萬元的波動都有可能。

兩岸開通直航以來，傳統航空的班次是不斷加開，狹窄的台灣海峽如今就像細長的河流一樣，再也阻隔不了兩岸頻繁密集的往來。春秋航空也宣布於二〇一三年十月開通高雄直航上海的航線，為台海兩岸的廉價航空打響第一砲。

目前若搭乘傳統航空從台灣飛往大陸各城市，以唯一有廉航直飛的上海為例，傳統航空公司的直飛票價大約一萬元起跳，春秋航空若遇到特價，價格可低於九千，沒有特價時也較傳統航空略低一些，缺點就是只能飛往上海。如果想飛往北京，則可以選擇捷星航空，不過必須先向南飛至新加坡，耗費十四小時以上，來回價格也和傳統航空不相上下，甚至更貴。

無論以傳統航空或廉價航空，或循小三通模式到達「彼岸」後，交通就更方便了。大陸國營航空有數十餘家，國內有幾家旅行社有代購大陸機票的服務，但我在此列出幾個網友常用的搜尋網站，在規劃行程時可以貨比三家。

攜程網（CTRIP）
http://big5.ctrip.com/

除了搜尋機票外，還可搜尋火車票，火車票搜尋頁面更貼心地把同樣起訖站的機票價格也列在一邊，供使用者選擇。

去哪兒？（QUNAR）
http://www.qunar.com/

搜尋各家網站報價，且可以查機票的價格趨勢，找出最低票價的日期，適合旅行日期彈性的使用者。

酷訊旅遊（KUXUN）
http://www.kuxun.cn/

和「去哪兒？」功能相似的網站，但兩家收到的報價略有上下。另外，它還結合旅遊部落格，提供會員分享旅遊經驗的平台。

除了空運外，大陸的鐵路網也非常密集，火車依速度分普通車、動車、高鐵等數種，座位選擇有硬座、軟座、硬臥、及軟臥共四種，不受打擾度及舒適度都有一定的區分。不過火車再舒適，畢竟也極耗費時間，以廣州至上海來說，普通車型的軟臥和廉航機票價格幾乎相同（但傳統航空貴了三、四百元人民幣），時間卻相差近廿個小時。

在大陸內地旅遊時，如果想自網路上預訂火車票或機票，大多需要當地的戶頭或銀聯卡，甚至需要大陸的手機號碼，台灣的信用卡完全無用武之地。建議可以在國內先向旅行社或代理商買好票，或直接到櫃台購買。如果不嫌麻煩，預計待在大陸的時間又長的話，可以帶著台胞證直接找家大陸的銀行開戶，馬上就能領到銀聯卡，從此就能暢行無阻了。

我的行程

絲路之旅

絲路以西安為起點，經甘肅、新疆，翻越帕米爾高原，貫穿中亞、西亞，直至地中海各國，自西漢以來，成為非常重要的商業貿易通道，由於貿易而興盛的中西交流，也在這條絲路上留下許多別具特色的痕跡；此外，這條路上聚集了許多少數民族，豐富又特殊的風土民情，也讓這條旅遊路線廣受西方人士歡迎。

路線

台灣 → 上海 → 烏魯木齊 → 吐魯番 → 哈密 → 敦煌 → 嘉峪關 → 酒泉 → 張掖 → 武威 → 蘭州 → 西安 → 上海 → 台灣

移動方式

台灣 → 上海 → 烏魯木齊 ：春秋航空8300元起（自高雄出發）

烏魯木齊 → 西安 ：火車

西安 → 台灣（高雄） ：春秋航空，約8500元起

我的行程

古都之旅

中國五千年歷史，若自夏朝計算至清朝，共歷經十八個朝代，許多城市都曾成為首都，其中數個城市更因戰略位置、地理氣候而受到多個朝代青睞。中國五大都古包括西安（包括秦、漢、隋、唐等十三個王朝）、洛陽（夏、商、東漢等十三個王朝）、南京（六朝、南唐、明初等）、北京（金、元、明、清等）和開封（五代、北宋）。雖然各個城市在戰亂中已有許多古蹟被毀，但仍能在其中感受深厚的文化底蘊。

路線

台北 → 北京 → 南京 → 開封 → 洛陽 → 西安 → 北京 → 台北

移動方式

台北 ↔ 北京 ：傳統航空的直航班機

北京 → (or) 南京 ：傳統航空約3100起，火車2300元起

南京 → 開封 ：火車，430元起

開封 → 洛陽 ：火車，150元起

洛陽 → 西安 ：火車，273元起

西安 → (or) 北京 ：傳統航空約3190元起，火車約743元起

南亞旅程規劃

南亞的行程對國內的團體旅遊來說，一直是較乏人問津的小眾，甚至除了印度首都新德里之外，連傳統航空都沒有直航班機。但南亞與台灣迥異的宗教信仰、地形地貌，卻又不斷地朝我們招手，叫人怎麼抗拒它神祕的魅力。此外，中南半島還有快要消失的度假天堂—馬爾地夫、全世界最幸福的國家—不丹，這些在交通上難以親近的地區，難道真的沒有便宜的機票嗎？不，我不能接受這種事，條條大路通羅馬，總找得到飛機載我們前往夢幻國度！

南亞是世界上人口最多和最密集的地域

我的行程

馬爾地夫

馬爾地夫是許多人心中的蜜月天堂，更是即將沉入海底的世外桃源，但兩人動輒10來萬元的旅費，著實考驗新婚夫婦的經濟實力，如何精打細算又不折損浪漫氣氛，事前的功課必須做足。從台灣飛往馬爾地夫都必須轉機，如果不是閃電結婚，東方航空或馬來西亞航空的早鳥票都能壓低不少旅遊預算，廉航中的亞航也能經吉隆坡飛至馬爾地夫（必須分段訂票），運氣和技術夠好的話，不到2萬元就能來回，而且還能加玩吉隆坡。

至於佔旅費第2大宗的住宿，也可以利用住宿查詢網站，如AGODA，尋找最符合自己喜好和預算的飯店。或是利用PRICELINE，搞不好能喊到一間性價比超高的濱海木屋（有關PRICELINE的使用方式請見第六章）。

航程規劃建議：

傳統航空	廉價航空
東方航空，經昆明轉機，含稅16,000元起	亞航，經吉隆坡分段購票，含稅不含行李16,000元起
馬來西亞，經吉隆坡轉機，含稅23,000元起	

我的行程

印度

印度寶萊塢的電影近來在台灣越來越紅，男女主角深刻的輪廓，搭配節奏感強烈的舞蹈，很是吸睛。再則，印度圍繞著恆河的生活模式，看來雖然超乎現實，卻又讓人寧願捏著鼻子，也想站在恆河邊感受印度人與恆河完全融為一體的生命脈動。

印度內陸有遍布全國的鐵路交通，火車分為高速火車（Super Fast）、快車（Express）和普通車（Passenger）3種，座位也依有沒有空調和椅子的舒適度而有分別，車程較長的最好購買較高等級（有空調）的臥鋪，因為是對號座位，未持票旅客不得進入，治安相對安全，衛生也比較好。搭乘火車的所有過程，都必須小心行李和車票，切勿離開自己的身邊。

印度非屬台灣的免簽或落地簽國家之一，出發前記得先至印度台北協會或委由旅行社辦理印度簽證，簽證效期有6個月，停留天數則由海關人員決定。還有，即使持多次觀光簽證，離開印度後，必須間隔60天才能再入境，想短時間進出多次，只能多花點錢多辦幾張簽證（辦理時需附上機票、飯店等證明文件，並向受理窗口告知申辦兩次入境）。

航程規劃建議：

印度中南部（以海得拉巴Hyderabad為例）

傳統航空	廉價航空
新加坡航空，經新加坡轉機，30,000元起	虎航，經新加坡轉機，含稅不含行李約20,000元起

首都新德里

傳統航空	廉價航空
華航直飛，30,000元起	台北→新加坡：捷星航空 新加坡→印度：靛藍航空 含稅不含行李約15,300元起
	台北→新加坡：虎航 新加坡→印度：靛藍航空 含稅不含行李約19,300元起

尼泊爾

尼泊爾雖然仍因政局不穩定而名列橙色警示名單中，但它位在喜馬拉雅山腳下，兩千多年的悠久歷史，和得天獨厚的地理環境，使它既保有濃厚的文化氣息，又有種與世無爭的自在氣氛。首都加德滿都三、五步就一座廟，金色的尖柱與蔚藍的天空相映照，根本就是為了謀殺底片而存在。如果看膩了，也可以搭乘國內線到尼泊爾小瑞士「波卡拉」，那裡的自然美景和緩慢的步調，能完全抒解城市生活的煩燥不安，天氣晴朗時還能看到終年積雪的喜馬拉雅山脈；體力好的，能安排一場健行之旅，雖然登不上聖母峰，還是可以讓自己悠游於群山，沐浴在大自然之間。

台灣往尼泊爾沒有直飛班機。傳統航空的飛行時間約8小時，計入轉機的停留時間則須耗去20個小時，等於今天飛明天才會到；若搭乘亞洲航空，半夜出發的班機，隔天下午就能抵達，含轉機時間只要近14個小時，因此雖然兩者票價沒有太大的差距，時間優勢卻站在廉航那一邊。除了空路外，還可考慮由印度或西藏進尼泊爾，在邊境也可辦理落地簽，費用和機場相同，但有機會遇到海關人員勒索或索賄。

尼泊爾為落地簽證，出發前記得帶上兩張兩吋護照規格的照片（但不可與護照一樣），入境時除了填寫出入境表格、落地證簽申請表，還要在通關處填寫一張台灣人專用的停留表格（Stay Order Form），並備妥來回機票證明（電子機票）以便辦理。

航程規劃建議：

傳統航空	廉價航空
東方，經昆明轉機，含稅20,000元起	亞航，經吉隆坡分段購票，含稅不含行李20,000元起
國泰，經香港轉機，含稅29,000元起	

斯里蘭卡

斯里蘭卡聽來陌生，但若提到錫蘭紅茶，一定會有種恍然大悟的感覺吧！斯里蘭卡位於印度東南方的海面上，是個面積只有兩個台灣大，人口只有2千萬的小國家，在持續了26年的內戰後，又慘遭南亞海嘯的襲擊，造成極嚴重的經濟損失，但斯里蘭卡人仍未拋棄他們的微笑，仍然熱情地看待每一天的生活，熱情地迎接每一位觀光客。許多網友説，除了生意人之外，一般人仍保持淳樸熱誠的心，但這些生意人也抓緊了每個機會大賺觀光財，小至公車票價、礦泉水，大至住宿、門票等，都有可能被哄抬價格。不過這種事幾乎每個觀光區都會發生，只能看清標價，適度且心平氣和地講價，以求自己不要被坑得太嚴重了。

斯里蘭卡面積雖小，但人文、古蹟、自然、美食等觀光元素樣樣不缺。斯里蘭卡內地的交通有公車、小巴士、火車、嘟嘟車，搭乘公車或小巴士時，可至公車站牌，尋找手持售票機的服務員，請他們指示你等車的位置，上車前一定要先問清車資，否則很容易被超收票價。嘟嘟車哄抬價格的情況就更普遍了，切記一定要殺價，但千萬別殺到群情激憤的程度，畢竟出門在外，人身安全是最重要的。火車的價格低廉，行經的路線大多景色優美，但速度緩慢，誤點嚴重，除非很有時間和閒情逸致，否則公車或小巴會是較好的選擇。

斯里蘭卡採取電子簽和落地簽兩種方式。電子簽可於台灣線上申請（簽證費30美元，在可倫坡機場辦則要35美元）。出國時，需攜帶簽證文件、照片一張，待入境時填寫一份身份表（Declaration of Identity），附上照片、簽證單和海關申報表，一同交給海關即可。到斯里蘭卡還有一點要注意的是，當地雖然不比台灣悶熱，但太陽相當毒辣，一定要做好防曬。

電子簽網址：http://www.eta.gov.lk/

航程規劃：

傳統航空	廉價航空
東方航空，經昆明轉機，含稅20,000元起	亞航，經吉隆坡分段購票，含稅不含行李12,600元起
新加坡航空，經新加坡轉機，含稅29,000元起	

東北亞旅程規劃

東北亞在廉價航空尚未進駐台灣之前，就已是非常熱門的旅遊景點，最大的好處就在於班次多、航程短。近年來，除了日籍、韓籍的廉價航空（如樂桃、釜山），東南亞的廉價航空公司也漸漸加入東北亞的戰場中，傳統航空加上廉航的飛機班次，多到只要你想出發，幾乎不愁飛不出去，就算是春節連假，只要你不太堅持飛往哪個特定的城市，先飛進日本或韓國，然後再搭乘火車或國內航線，都能擁有一個美好的假期。

我的行程

進入點：東京

航程規畫建議：

廉價航空	班次	價格（含稅不含行李）	轉機點
捷星	每天二班	8,760元起	大阪
酷航	每日一班	10,000元起	直飛
直飛：日航、華航、全日空等，含稅票價自10000元起。			

進入點：大阪

航程規畫建議：

廉價航空	班次	價格（含稅不含行李）	轉機點
樂桃	每天一班	6,600元起	直飛
捷星	每天二班	7,800元起	直飛
直飛：國泰、日航、華航、國泰等，含稅票價自9,600元起。			

進入點：沖繩

航程規畫建議：

廉價航空	班次	價格（含稅不含行李）	轉機點
樂桃	每週五班	4,760元起	直飛
直飛：復興、華航，含稅票價自8,900元起。			

我的行程

進入點：首爾

航程規畫

廉價航空	班次	價格（含稅不含行李）	轉機點
酷航	每週三班	7,800元起	直飛
德威、易斯達	每天一班	7,888元起	直飛，停靠金浦國際機場
直飛：國泰、中華、韓亞、大韓等，含稅票價自8,000元起。			

進入點：釜山

航程規畫建議：

廉價航空	班次	價格（含稅不含行李）	轉機點
釜山	每天一班	7,770元起	直飛
直飛：中華航空，含稅票價自11,900元起。			

景點：韓國濟洲島

航程規畫建議：

廉價航空	班次	價格（含稅不含行李）	轉機點
釜山	每天一班	10,700元起	釜山
直飛：復興航空，含稅票價自9,900元起。			

日本

於台灣設點的廉價航空中，捷星、亞航、樂桃和酷航皆開設了台北飛日本的航線，航點自最熱門的東京、大版，逐漸增加了沖繩、札幌、福岡等地。只是如果想要暢遊日本，就必須好好運用其他交通工具。

首先以空路開始介紹。由傳統航空公司組成的航空聯盟，星空聯盟（Star Alliance）和寰宇一家（Oneworld）都有推出日本旅遊票，以星空聯盟為例，旅客能選擇一至五張票卷，每張票卷只要一萬日元，就能搭乘全日空航空在日本趴趴走，是相對便宜又舒適的選擇。如果想讓行程更有彈性，也可選擇日籍廉價航空，包括樂桃、北海道國際航空、天馬航空等，都能將你載往日本各處，雖然除了樂桃外，訂票界面都是日文，但無所不能的網路上輕易就能搜尋到訂票教學。

就陸路方面，可選擇鐵路或巴士。鐵路周遊券（JR Rail Pass）分7日、14日和21日3種，在期限內能不限次數搭乘；如果不想一次逛完整個日本，也可以選擇北海道鐵路周遊券、東日本周遊券、西日本周遊券等地方性票券，一樣能在特定期限內，不限次數搭乘火車，相關資訊可參考日本政府觀光局網站，上面詳細列出了購買與使用方式。

另一種更經濟但相對耗時的旅遊方式為巴士旅遊，由Willer Express發售的高速巴士通票分三日套票和五日套票兩種，使用日期不需連續，使用期限兩個月，非常適合在單一地點進行深度旅遊，玩夠了再前往下一站。必須注意的是，巴士通票只能從日本境外購買，搭乘前必須先上網預約，等到乘車當日，攜帶有照片的證件（如護照、國際駕照）上車即可。

日本政府觀光局網址：http://tw.japan-guide.com/articles/transportation/rail-passes

Willer Express：http://willerexpress.com/tw/

韓國

近來韓流襲擊台灣，從連續劇、電影到家電、3C產品等，無論是正評或負評，韓流對台灣的影響已經不容小覷。旅客或是去韓劇景點朝聖，或是到東大門批貨，愈來愈便利的交通大大縮短了台韓兩地的距離。台灣飛韓國的直航班機（傳統航空）能停留首爾、釜山和濟洲島等三地，且價格自8,000元起跳，如果購買旅行社的自由行，4至5天的行程大多不超過15,000元，相較物價較高的日本，是許多小資族的旅遊替代方案。如果想搭乘廉價航空，可從首爾或釜山進入韓國，如果買到優惠票價，甚至能以低於7,000元的價格成行。

進入韓國後，可搭乘釜山航空或真航空飛往韓國其他景點，或是像日本一樣，購買外國人專用火車通行證，即可於一定期限內（分一日券、三日券和五日券、七日券和十日券）不限次數搭乘火車或高速列車。還有一種特殊的票券是韓日共同乘車券，票卷內容包含韓國鐵路車票、韓日間的客輪船票及日本鐵路車票，相關資訊可至韓國鐵路官方網站或韓國旅遊官方網站查詢。

在韓國境內還可購買T-money卡，它的功能很像台北的悠遊卡，可以坐公車、地鐵、計程車，甚至是部分便利商店，搭車時使用T-money卡還能打折，30分鐘內轉乘也有優惠；離開韓國前，可至地鐵、火車車站等服務窗口退出餘額，但要收取少許手續費。

韓國鐵路官方網站：http://www.korail.com/2009/htm/htm41000/w_htm41210.jsp

韓國旅遊官方網站：http://big5chinese.visitkorea.or.kr/cht/index.kto

東南亞旅程規劃

東南亞和東北亞相似，飛行時間約在四小時上下，加上廉價航空在這塊天空的辛勤耕耘，衍生出相似的旅遊型態，上班族只要多請兩天假，或是利用連假，就能輕裝出發，到南國放風曬太陽。

藉由廉價航空的連結，東南亞數十觀光城市或小島都有直航班機能輕鬆抵達，因此想買到機票不難，如何買到便宜的機票才是關鍵。如前文介紹廉價航空時所述，隨時掌握各家廉價航空網站的最新資訊，像是電子報或Facebook粉絲團。最重要的還是買票時要果斷而不魯莽，在開賣的瞬間就搶下熱門時段熱門航線，但也不能亂買，否則退票還得花手續費。

新加坡、吉隆坡是酷航、亞航等廉價航空的大本營，特價機票出現頻率高、班次多，前往這些城市實在易如反掌，加上這些城市的機票價格變動快速，在此就略過不論。我想將重點擺在其他同樣深具特色的城市。

到長頸村比比看誰的脖子長。

我的行程

柬埔寨暹粒

說到柬埔寨，首先想到的一定是吳哥窟。吳哥窟被國家地理雜誌列為人生必去的五十個景點之一，這座深藏在叢林裡的神祕王國，保存了吳哥王朝的輝煌，進入吳哥窟就彷彿走進時光隧道一般。只是吳哥窟因為觀光客的破壞，關閉修復的風聲不斷流傳，無論流言是否屬實，為了不錯過這項美麗的世界文化遺產，還是盡早將心動化為行動吧（但記得不要破壞任何古蹟，好讓更多人能欣賞）。

吳哥窟位於暹粒，復興航空或遠東航空皆有直飛航線。而廉價航空可經由分段購票，轉機至暹粒；或是飛至柬埔寨的首都一金邊，再轉搭柬埔寨吳哥航空（Cambodian Angkor Airlines）飛往暹粒，或是改搭巴士、船，巴士車程大約6小時，搭船的價格較貴，還有可能坐船頂曬太陽，許多網友普遍反應不佳。柬埔寨採落地簽，簽證費20美元，上飛機前記得先備好零錢，因為海關不找錢，還要記得準備一張照片。

航程規畫建議

廉價航空	班次	價格（含稅不含行李）	轉機點
捷星	一週三班	17,500元起	新加坡，分段購票
亞航	每天一班	14,800元起	吉隆坡，分段購票
直航：復興航空，含稅票價自14,100元起。			

我的行程

越南胡志明市

胡志明市古稱西貢，在音樂劇界中頗富盛名，你或許沒看過胡志明市的任何一張明信片，卻一定曾經聽過西貢小姐的音樂片段。西貢小姐描述的是1970年代的西貢（即胡志明市），一名亞洲女子被白人情人拋棄的故事。在70年代，法國統治西貢，不僅留下可歌可泣的愛情故事，也在西貢街頭留下許多法式建築。越戰後，西貢改名為胡志明市，在原有的經濟基礎上迅速發展，成為越南第一大城。

胡志明市的台商眾多，除了台商公會外，甚至還有台灣學校。也因此，台灣與胡志明市的交通順暢便利，不僅有多家傳統航空直航（且票價便宜），廉航也有不少選擇。入境前必須先在台灣辦妥簽證，簽證核發時，上面會列有核發時期及生效日期，切記要在生效日期後才能入境。

航程規畫建議

廉價航空	班次	價格（含稅不含行李）	轉機點
虎航	一天一班	16,200元起	新加坡
亞航	一天四班	13,600元起	吉隆坡，分段購票
捷星	一天三班	14,000元起	新加坡
直航：越南航空、長榮、華航，含稅票價自12,000元起。			

我的行程

泰國清邁

清邁位於泰國北部，氣候較泰國首都曼谷涼爽許多，是許多泰國人的避暑聖地。清邁街頭放眼望去幾乎3步一小廟、5步一大廟，夾雜其中的則是按摩店或小餐廳，雖然當地以觀光業為主要收入，卻仍保有純樸悠閒的步調。如果覺得悠閒的日子過得有點煩悶，也可以租台計程車或參加當地旅遊團，到神秘的金三角冒險、過過乾癮，或是再往北深入至少數民族部落，感受長頸村人的生活，甚至可以試試自己脖子能伸得多長。

清邁屬具知名度的觀光景點，傳統航空或廉價航空皆設有航線。如果搶到傳統航空飛曼谷的便宜機票（易飛網曾有神秘機票來回不到1萬元），再從曼谷搭國內線航班至清邁，費用不僅比直航更便宜，還能到曼谷市區內拜拜四面佛、挑個曼谷包。入境泰國可在機場申辦落地簽，但如果沒能搶先下飛機，就得跟著人潮大排長龍，排隊動線設計不佳，常有一堆人擠在櫃台前，建議還是先在國內辦好簽證再出發。

航程規畫

廉價航空	班次	價格（含稅不含行李）	轉機點
亞航	一天一班	16,500元起	吉隆坡
虎航	一週四班	19,100元起	新加坡
直航：復興、華航，含稅票價自14,000元起。			

我的行程

汶萊

汶萊面積只有台灣的六分之一，人口約40萬，卻因為天然氣和石油的收入，成為最富有的國家，汶萊國民不僅免繳所得，還享有免費醫療與教育等多項福利，實在羨煞許多人。汶萊不大，卻處處顯示它的富有，例如金碧輝煌的皇室建築、神聖但豪華的清真寺，造價超過數百億元的水晶公園，還有滿街跑的名車，在這種奢華的伊斯蘭教國度，一切都像是阿拉丁神話般夢幻。

汶萊四季如夏，雖然豔陽炙熱，但女性遊客請尊重當地伊斯蘭教傳統，避免穿著曝露，此外，伊斯蘭教的其他禁忌也必須遵守，進入清真寺前記得脫鞋。汶萊提供台灣遊客落地簽，但只有14天效期，如果怕自己忍不住流連忘返的人，還是先在台灣申請簽證，就能享有1至3個月的效期。

航程規畫

廉價航空	班次	價格（含稅不含行李）	轉機點
宿霧太平洋航空	一天一班	11,100元起	馬尼拉，分段購票
亞航+汶萊皇家	一天兩班	14,000元起	吉隆坡，分段購票
直飛：無 轉機：新加坡航空，經新加坡，含稅票價自22,352元起。			

紐澳旅程規劃

如果想在寒冷的冬天盡情享受陽光，除了東南亞，還能選擇位於南半球的澳洲和紐西蘭。澳洲有台灣的兩百多倍大，但大部分是渺無人跡的荒漠，觀光區域還是集中在東西岸幾個大城（除了要去看「在世界的中心呼喊愛情」的那塊大石頭）。紐西蘭因為魔戒聲名大噪，南北島的自然風光在三部曲的電影中一覽無遺，雄偉的高山、冰河和茂密的森林所打造出的魔幻中土世界，讓許多人心嚮往之，雖然我們不像佛羅多身負重責大任，但還是可以加入遠征軍的行列，一探這些神秘的景點。

澳洲雪梨歌劇院（Sydney Opera House）是 20 世紀最具特色的建築之一

澳洲

拜打工旅遊風潮所賜，每年有數千名年輕人飛往澳洲，這些青春正要起飛、口袋卻還沒銀兩的熱血青年，自然得對機票斤斤計較。台灣飛澳洲即使直航也需要九個小時，搭乘廉價航空加上轉機時間動輒10幾個小時，既然投注了這麼大量的時間，所能省下的金額當然必須夠大，才不會把省下的機票錢全拿去買酸痛藥布。

搭乘傳統航空可直飛澳洲的雪梨或布里斯班，但價格多在3萬元以上，所幸廉價航空沒有忽略這條航線，搭乘廉價航空不僅可以省下一筆開銷，對打工者來說，單程購買的特性也是誘因，進入點和離開點不需相同，隨時可以從最後一個旅遊的城市離境回台灣。

不過，澳洲的面積是台灣的213倍大，如果只在同一個農場打工，沒善加利用澳洲內陸的廉價航空，在這個充滿自然奇景的澳洲好好四處遊覽，就真是浪費了千載難逢的機會。

進入澳洲後的移動照例可分空路和陸路。空路除了維珍澳洲航空、虎航、捷星等廉價航空外，有時澳洲航空（Qantas）的促銷價也足以和廉價競爭，查價時別忽略它的存在，或是利用I want that Flight比價網站，比對上述幾家航空公司的價格。陸路的鐵路網分東澳的Country Link和聯營網（Australia Great Southern Railway），依照路線和使用期限推出各種套票，因為價格划算，又能欣賞澳洲的原野風光，許多背包客都喜歡搭乘火車環澳。如果距離太遠（澳洲火車車程超過10小時是常見的），還可以選擇夜車臥鋪，臥鋪內雖然設備簡單，但非常乾淨，也有可以淋浴的地方，床鋪也很柔軟，和著火車的節奏，不敢說能換得一夜好眠，但也能稍減旅行的疲憊，不過價格不斐，我從雪梨坐到布里斯本，一個晚上的時間就燒掉近8千台幣，比廉航加一晚住宿的錢還貴，若不是為了體驗臥鋪，實在沒勇氣花這筆錢。

進入點：黃金海岸

航程規畫建議

廉價航空	班次	價格（含稅不含行李）	轉機點
捷星	一週五班	23,000元起	大阪
酷航	一週四班	20,100元起	新加坡
亞航	一週二班	22,200元起	吉隆坡

直飛：無
轉機：長榮，經布里斯班，38,000元起。

進入點：雪梨

航程規畫建議

廉價航空	班次	價格（含稅不含行李）	轉機點
亞航	每天兩班	22,800元起	吉隆坡
酷航	每天兩班	20,500元起	新加坡

直飛：華航，32000元起。
轉機：越南航空，經胡志明市，27,500元起；東方航空，經上海，25,500元起。

進入點：墨爾本

航程規畫建議

廉價航空	班次	價格（含稅不含行李）	轉機點
亞航	每天一班	23,000元起	吉隆坡

直飛：無。
轉機：越南航空，經胡志明市，27,000元起；東方航空，經上海，25,000元起。

進入點：伯斯

航程規畫建議

廉價航空	班次	價格（含稅不含行李）	轉機點
虎航	每天一班	22,000元起	新加坡
酷航	每天兩班	24,000元起	新加坡
亞航	一天一班	18,200元起	吉隆坡
捷星	每天兩班	22,000元起	新加坡

直飛：無
轉機：馬來西亞航空，經吉隆坡，30,000元起。

I want that Flight網址：http://iwantthatflight.com.au/

紐西蘭

紐西蘭也開放打工度假，不過每年的名額有限（約600名），所以主要還是以觀光為主。紐西蘭分南北兩島，南島以自然風光取勝，北島則以人文景觀、動植物生態搏回一籌，不過南北兩島交通便利，兩島畢其功於一役也非難事。

從台灣飛奧克蘭的航班無論直飛或轉機，價格都不比飛往歐美便宜，至少就要3萬元起跳，不過紐澳之間常有特價機票，加上兩國都有90天的免簽待遇，所以訂購機票時，可試著從澳洲轉機，城市的選擇也比自台灣出發來得多。廉價航空有捷星航空經新加坡飛往北島的奧克蘭，只是價格也不便宜，訂購時建議分段購買，藉由台北飛新加坡的特價機票拉低旅行成本，或許還稍能與傳統航空的票價和服務抗衡。

紐西蘭的觀光業發達，交通十分便宜，陸路方面除了傳統的鐵路旅行外，也有許多人選擇租車或巴士旅行。租車旅行自由度高，看到美景隨時都能停下拍照，車子能直接上船，不必頻繁搬動行李，紐西蘭租車便宜（一天大約1千元上下），種種優勢都能使租車成為自助旅行的首選。租車時最好加保全險，也要看清租車條例，如是否限制哩程、還車時油箱要不要加滿。想租車旅行的人出國前必須辦好國際駕照，也要先熟悉右駕的交通規則。

如果不想自己開車，巴士旅遊不僅方便，還能藉機認識來自世界各地的背包客。巴士旅遊有固定的旅遊路線，每條路線都有固定的過夜點和最短旅遊時間，票價只包含巴士費，但司機會協助訂房，到了過夜點後，你可以決定自己想在每個景點待幾天，只要再和司機預訂下次上車的時間即可。

如果不想一次綁死所有行程，也可分段購票，偶爾還能搶到一元車票。

陸路雖然方便，又能欣賞美景，但行程動輒十天起跳。假期不夠長、只能遊覽南北島重點城市的人，最佳的選擇還是空路，利用捷星或維珍澳洲航空等廉航，都能快速地飛往南北島的大城市。

景點：北島奧克蘭

航程規畫

廉價航空	班次	價格（含稅不含行李）	轉機點
捷星	一週三班	37000元起	新加坡
直航：華航，37000元起。			

景點：南島基督城

航程規畫

廉價航空	班次	價格（含稅不含行李）	轉機點
捷星	一週三班	44000元起	新加坡
直航：無 轉機：澳洲航空，經香港、雪梨轉機，46500元起。			

參考分段購票的網址：http://www.kiwiexperience.com/new-zealand-passes-tours.aspx

參考如何搶到一元車票的網址：http://nakedbus.com/nz/bus/

第四章 搭廉航遊美洲

整個美洲大陸共包含了 35 國家，其中美國、加拿大、墨西哥、巴西佔據將近四分之三的陸地。從阿拉斯加的極光，到阿根廷南部的企鵝，這是一塊意想不到的旅遊樂園。

飛往北美洲

大家最熟悉的美國、加拿大，長榮與華航每天都有直飛班機前往這兩個國家的東西兩岸，價格也走高貴路線。自從開放兩岸直航，飛美洲經由上海或北京轉機可以買到最優惠的價格，目前台灣各大機票網站都有販售。但是，要注意的是，臺灣飛往大陸的直航班機，幾乎班班客滿。所以要旅行的人們，要比商務人士更提早訂位，才能享有優惠也有座位。

依照淡旺季和轉機次數有極大的價差。如果是早鳥機票，或是經由轉機，飛往洛杉磯或溫哥華的含稅價格還能維持在三萬以下，直飛價格就會超過三萬；東岸因為距離因素，通常價格略高，即使是促銷票，包含兩次轉機，含稅價格也通常超過三萬。

台灣的廉價航空可到達美洲的轉運站包括東京、香港、新加坡、吉隆坡、馬尼拉等地，若以美國洛杉磯為例，在沒有搶到廉航特惠票的情況下，先搭廉航飛往東京再轉向洛杉磯，機票的總價絕對高於直接從東京轉機前往洛杉磯的機票，即使搶到廉航超低價，如果不巧沒搭上特惠的傳統航空機票，則價格相差不大，但還得再加上行李費用。所以，基本上從台灣出發進入美洲，不論是否走廉價航空，大致在兩萬五左右抵達西岸，已經可以說是相當優惠價格。

進入美洲後，當地就有不少廉價航空供你精打細算。世界上首發廉價航空就是美國的西南航空，將近半世紀了仍在繼續運行中。雖然在美加兩地有許多的長途巴士，鐵路等交通設施，在此先省略不談。我介紹幾家評價比較高的廉價航空給大家參考。

想以省錢的方式遊北美，就是先到美西的大都市－洛杉磯、舊金山、拉斯維加斯，再計劃搭廉航到你想去的城市。

Jetblue 捷藍航空

美國的捷藍航空，航線除了美國內陸、中美洲，最遠到南美的利馬、哥倫比亞。它們飛機上最令人津津樂道的是大間距的座椅安排和無限量的零食供應，有些飛機上甚至提供免費的無線網路服務，這樣貼心的安排，讓人不禁納悶它究竟將經費節省到哪些地方，好讓自己符合廉價航空的成本考量。捷藍航空的另一項特點是網站上有詳盡的補償規則，確保每一位旅客的權益受到保障，譬如若因重複劃位遭到拒絕登機，航空公司將補償1,300美元。這真是其他廉價航空應該好好效法的政策。

Southwest 西南航空

西南航空自1971創立以來，幾乎年年獲利，它以低價、短途的策略迎戰美國大型的傳統航空公司，它讓坐飛機就像坐公車一般，錯過了這班，只要等候一段時間，就能改搭下一趟班機，而且上飛機時沒有劃定座位，和公車一般自由入坐。西南航空以高效率出名，從準備、登機、滑行起飛、發送餐點，都以快又安全的速度完成，等待時間相較縮短許多。原本因為沒有劃位，而需要在登機時大排長龍的現象，西南航空也以號碼牌的方式，讓所有旅客都能輕鬆登機。順道一提，西南航空的登機除了領號碼牌外，還分A、B、C三組，早點到網站上Check-in的人可以擠入A組，可以最先進入機艙中選位置，C組則是候補。2011年收購穿越航空（ AirTran Airways）後，飛行航點增加了1倍，除了涵蓋整個美國內陸，並且延伸到墨西哥幾個度假勝地。所有路線都清楚的標示在航空公司的網站上。最棒的是，還有免費2件行李託運。

WestJet 西捷航空

西捷航空嚴格來說不能算是非常正統的廉價航空。除了加航之外，它是加拿大第二大航空公司，價格上有些優勢。它們標榜優惠價格不打折的服務。另外，他們非常積極與其他航空公司實行班號共享計畫（Code-shading）。所謂班號共享，是航空公司間互賣航班座位以增加航點並減少招客不滿的損失。所以說你可能在西捷航空的網站上購買機票，但抵達機場時發現實際飛行的是其他航空公司。因此，我要請大家注意，購買機票時，無論是不是廉價航空，都要再仔細的看一下實際飛行的航空公司，一般在票價查詢時就會顯示實際飛行的航班班號，避免到機場時發現找不到自己航班的窘境喔！西捷航空航程範圍涵蓋整個加拿大與美國各大城市。同時，墨西哥與加勒比海是加拿大人在冷颼颼的冬天最好且最近的度假勝地。該航空公司航程包含了古巴，牙買加，甚至抵達神秘的百慕達島。

北美洲廉價航空一覽表

廉價航空	飛行區域	行李限制	特殊事項	網址
Jetblue	美國全區 阿拉斯加 加勒比海 哥倫比亞 秘魯利馬	1件行李免費	免費零食	http://www.jetblue.com/
Southwest	美國全區 墨西哥東西岸 加勒比海	國內&國際免費2件	某些航班提供Wifi，自由入座	http://www.southwest.com
WestJet	加拿大全區 美國全區 夏威夷 墨西哥東西岸 加勒比海	1件行李免費	加拿大廉航	http://www.westjet.com
Virgin America	美國全區（主力在東西兩岸） 墨西哥東西兩岸	付費行李	提供3週前訂票特惠價	http://www.virginamerica.com
Frontier Airlines	美國全區 阿拉斯加 墨西哥東西岸 中美洲 加勒比海	付費行李	與CanJet共用班號	http://www.flyfrontier.com
Air Transat	加拿大部分 歐洲 墨西哥 中美洲 加勒比海 美國（佛羅里達）	國際線1件免費	加拿大廉航	http://www.airtransat.ca
Sunwing	加拿大 美國	付費行李	加拿大廉航	http://www.sunwing.ca

廉價航空	飛行區域	行李限制	特殊事項	網址
Sun Country	美國全區 阿拉斯加 墨西哥 中美洲	付費行李	多數航班到明尼蘇達轉機	http://www.suncountry.com
Spirit Airlines	美國全區 墨西哥3城市 加勒比海 中美洲 哥倫比亞 祕魯利馬	付費行李		https://www.spirit.com/
Allegiant Air :	美國全區	付費行李		http://www2.allegiantair.com/
Interjet	墨西哥全區 美國西岸 古巴 哥斯大黎加 哥倫比亞	國際線免費2件25公斤 國內線免費1件免費	可付費更改旅客姓名	http://www.interjet.com.mx
Volaris	墨西哥全區 美國西岸	付費行李	每月推出特惠機票，國內線有低於30美元，國際線有99美元機票	http://www.volaris.com/
VivaAerobus	墨西哥全區 美國休士頓	付費行李	推出三個月前購票優惠特價	https://www.vivaaerobus.com
Magnicharters	墨西哥全區	付費行李	目前無法網路付費	http://www.magni.com.mx/

（以上資訊來自於2013年11月各家航空公司公開網站資訊，航空公司可能隨時調整規則，請以網站上資料為準）

在網路資訊爆炸的北美洲，我都是利用一指神功買到最優惠的機票。有時為了生存，一般航空與廉價航空的票價差距不大，如果再加上行李免費就更划算了。因此，在整個北、中、南美洲的旅程規劃中，Expedia 以及Lowcoastairlines兩個網站重複查詢比價很重要，而且因為各家航空的主路線不同，有時可能需要長時間的等待轉機，這時票價差與時間差就得交互衡量。不過，我要慎重提醒大家，在美洲飛廉價航空，除了西南和捷藍之外，大多都要收取行李託運費用（手提行李限重）。一般從亞洲出發的人，來到美洲肯定帶至少一至兩件行李。所以一定要比較加上行李費用後的價格。或者，我也非常建議大家在美洲旅行，以廉價航空的主要飛行點，用放射狀的方式選擇景點，減少託運行李的辛苦與費用。同時，搭乘廉價航空還有個小撇步，對於經費比較充足的人來說，可以購買廉價航空的商務艙或頭等艙，用相對低的價格，得到最佳的飛行體驗。

北美洲旅程規劃

對中北美洲的廉價航空有稍許了解之後，接下來我就要帶大家出去玩囉！

一般來說，最優惠的機票通常抵達較大較繁忙的機場。例如美國洛杉磯，從亞洲抵達後，我建議大家利用維珍航空，把附近的著名城市景點一網打進。對於那種可遇不可求的無敵特惠十幾塊美元外加可能訂不到的超低票價，就不在我以下的建議價格說明內了，那種東西，是有緣人才買的到。另外，若看到西班牙文的廉價航空網站，別緊張，通常都會有英文的版本。畢竟這些廉價航空的主要客源還是北美的旅客為主。

景點

舊金山+優勝美地

洛杉磯與舊金山的距離約六小時車程。雖然說不是太遠，但你絕對想不到維珍航空推出只要59美元的機票。美國租車行情約在80至100美元一天，再加上汽油費用，如果是4人以上旅行，租車才是比較划算的方式。而且，抵達舊金山機場後，就有直達市區的地鐵（Bart）四通八達。我通常都是二話不說直奔鮑威爾（Powell）站，出站後就到了Westfield San Francisco Centre ，先往地下室去飽餐一頓。儲備好體力準備開始逛街。這個購物中心雖然不是outlet，但是位在市中心，遇到打折季的時候，各大名牌都有怦然心動的價格。吃完買完就到對街去做叮噹車，遊覽舊金山市風光。高高低低的街道起伏，你會發現很多熟悉的景象，彷彿曾經來過，是在夢中嗎！別傻了，其實是你常在電影情節中看到舊金山的街道一景。還記得逃出惡魔島裡面的飛車追逐嗎？或是麻雀變公主裡，皇后嘉勉叮噹車掌為伯爵！當然，漁人碼頭、金門大橋、惡魔島都是很值得去拍照留念。我建議在用餐時間到漁人碼頭，點蟹肉餅和蛤蜊巧達湯在公園椅子上享用，會有不少海鳥、鴿子前來作伴。

優聖美地距離舊金山約4個半小時，可以開車或搭乘巴士。美國旅遊最大的好處在於設施完備。園區內有帳篷區、住宿小屋，但是全部都得在網路上預約。夏日旺季時，要盡量提早定位。想要野餐烤肉，園區還有一間超市供應蔬菜水果肉類等。價格與一般超市無異。我覺得最有趣的是每個營區都有「bear box」，因為園區內的棕熊很親民，所以一定要把所有的食物，包含煮熟與生食，全部放進鐵製的熊盒中。不然，棕熊不但會摸進帳蓬找食物，甚至爬進你的車子裡搜尋，真是太刺激了。

景點

拉斯維加斯 + 大峽谷

拉斯維加斯的舞台表演、美食和賭場也很值得花59美元（維珍航空）從洛杉磯飛一趟。大峽谷有單天或是兩天一夜的團體旅行。自己去的話，可以選擇峽谷內的飯店，不過當然都在200美元以上。

美西可以規劃一個環狀旅程，從台灣抵達洛杉磯，先飛到拉斯維加斯旅遊3至4天，在由當地起飛前往舊金山。每一段飛行，都可以在維珍航空找到59至69美元的價格。非常划算又省時。

景點

加拿大西岸

如果想要一次遊遍美加西岸，西捷航空有115美元的機票從洛杉磯飛往溫哥華。溫哥華票選為全球最適合居住的城市之一。不過，那邊的生活物價可就不和藹可親。維多利亞港的皇后飯店，吃頓下午茶的價格都高於廉航機票費用。不過高尚英倫風再加上充滿綠意，非常適合退休生活，別忘了還有吃不完的道地台灣味。溫哥華除了市區遊覽，走走百年歷史的卡皮拉諾吊橋公園（Capilano）也是一項新體驗。前兩年，加拿大人又蓋了懸崖步道，基本上就是懸空繞著懸崖走一圈。我對於高度很遲鈍，所以非常享受在半空中的生活。臺灣人滑雪的機會不多，因此來到溫哥華，真的可以到世界上最大的惠斯勒滑雪場去體驗滑學初級班。滑雪運動就像騎腳踏車，一但你會了，基本上它就是一項潛藏在你身體裡的技能。加拿大西岸另一個大城市為愛德蒙頓（Edmonton），由溫哥華開車過去約12個鐘頭。我覺得可以多花點時間在中間的洛磯山脈停留幾天，這裡的冰河山川湖泊對於出生成長在亞熱帶地區的我，絕對是來到另一個星球。

東岸紐約 + 波士頓 / 多倫多 + 艾德華王子島

北美洲幅員廣闊，單趟由西飛到東約在5至6個小時。很多亞洲遊客在有限的旅行時間中，會選擇在西岸某城市轉機，然後不停留直達東岸的機票。然而，我在這裡提供大家另類的選擇。不論是美國或加拿大，東西兩岸風情大不同。如果很想在有限的經費和假期中，做最全面性的遊覽。那麼我還是那句話，找個最優惠的機票抵達西岸，然後開始利用廉價航空帶你遊遍東西兩岸。以美國為例，從西岸洛杉磯飛往東岸紐約，同時有捷藍、維珍、西南等多家廉價航空飛行，價格約落在150美元左右。但因為到東岸旅行至少需要幾天，行李肯定少不了託運，我就會建議搭乘免費行李託運的西南或是捷藍。即使其它航空可能些許便宜，但少卻了行李計算的麻煩。

大蘋果紐約，相信許多人可能都比我還要熟悉。電影、電視劇裡的那些迷人紐約客，賺錢賺到手軟的華爾街金融人士，都不斷的訴説著紐約童話故事。除了幾個到此一遊的景點，如自由女神、布魯克林橋、中央公園、大都會博物館、時代廣場之外，我在這裡比較想跟大家分享，到了這些地方該做些什麼。別忘了在大都會博物館前買餐車熱狗，坐在樓梯與三三兩兩的遊客一同享用。既然到了時代廣場，那就來體驗一下正統百老匯音樂劇吧！如果在冬天去中央公園，湖上溜冰絕對是亞洲人的全新體驗。以前我經常去紐約市，既然當不了紐約客，那只好體驗真實紐約客生活。

一般西岸到東岸的航班，像是捷藍就會以波士頓做為中轉。所以也建議大家可以在波士頓稍作停留。雖然我無緣走上學術之路，但是身處哈佛與麻省理工的校園中，連呼吸的空氣都充滿了知識與哲學的芬芳。僅是繞了一圈，感覺也長了不少知識。當然，不是説來波士頓一定得吃龍蝦，但既然用廉價航空省了機票錢，那多餘的錢不拿來吃好料要做啥呢！！

利用西捷抵達加拿大東岸的方式也不少。從美西的洛杉磯、加西的溫哥華大約都在280美元左右；如果人已經在美東了，那直接由紐約飛往多倫多只要111美元，而且一件行李還免費。多倫多和其他美洲東部大城市一樣，都有非常便利的捷運地鐵。不過，我實在覺得，去加拿大還是要熱愛大自然的一群人。「清秀佳人」在我年輕時，真是風靡大街小巷，那愛德華王子島一定得去朝聖一下。多倫多飛愛德華王子島的票價約在220美元，夏季時會到280美元。當然也可以選擇單趟距離將近15個小時的車程。島上的觀光除了Anne的房子外，還有新鮮美味的龍蝦餐，民宅塗上不同顏色，映著翠綠的草地和藍天。這不是個令人驚艷的景點，但絕對為你的加拿大旅程劃上最完美的句點。

墨西哥 / 古巴

從台灣入境墨西哥最直接的有以下幾種方式：

1. 台灣→美國（洛杉磯／休士頓／邁阿密）→ 墨西哥
2. 台灣 →日本（東京）→ 墨西哥
3. 台灣→ 中國 （上海）→ 墨西哥

想以省錢的方式，可先至北美的洛杉磯搭廉航到墨西哥

目前墨西哥航空（Aeromexico）僅提供亞洲兩城市東京、上海直航墨西哥，因為使用這兩個航線目前多屬商務人士，因此就算可以買到廉價航空先抵達東京或上海，亞洲到墨西哥這一段價格仍然是居高不下。我絕對建議利用早鳥機票或轉機先登陸美洲。美國、加拿大甚至墨西哥本土都有多家廉價航空供旅遊同伴們選擇。從洛杉磯或舊金山到墨城單趟均價在150美元左右，但依季節活動特惠時段，也可以遇到低於100美元的機票。由美洲轉進墨西哥旅遊不需要買來回，可以買單趟不同城市進出相當便利。

如果是長時間旅遊，墨西哥可以讓你花1個月慢慢逛也不無聊。不過如果只能安排約1週的天數，那我把墨西哥歸納為「東西兩岸海灘度假」、「內陸西班牙殖民風格建築旅行」。雖然旅行天數不多，只要能利用廉價航空，省時省錢就可以完整體驗拉丁風情墨西哥。

西班牙帝國霸權在拉丁美洲橫行300多年，在掠奪無數天然資產的同時，也留下很多舊時代建築風格。這些建築融合了中古世紀工法與美洲大陸的色彩斑斕，令我經常流連忘返在這些古城的時光隧道中。一般而言，外地旅客抵達的首站可能是墨西哥市。除了日月金字塔一日遊之外，距3小時車程的普埃布拉（Puebla）是不可錯過的古城之一，冬季時還有皚皚白頭火山做背景。首都往北，可以搭乘墨西哥航空到獅子城（Leon）皮革城，但我覺得花個半天在當地找喜歡的皮件就足夠了。附近的瓜納華托（Guanajato）彩色山城與聖米格爾德阿連德（San Miguel de Allenda）才真正有看頭 。這兩個城市連墨西哥本地人都非常推薦。往南，可以搭乘Interjet航空到瓦哈卡市（Oaxaca）。

東邊的梅里達（Merida）除了歐式建築外，仍保存較多瑪雅文化。既然到了梅里，就可以開始比基尼海灘之旅。坎昆（Cancun）一直被列為全球最迷人海灘之一，亞洲遊客最常去的是東南亞或是印度洋的島嶼度假，我深深的認為，若能再體驗一下加勒比海的魅力，那也就無憾了！墨西哥西岸也有巴亞爾塔港（Puerto Valleta）、阿卡普爾科（Acapuco）、聖荷西卡波（San Jose del Cabo）等太平洋岸海灘。這些墨西哥度假勝地都有所謂 「All inclusive」的機+酒行程。飯店內所有的食物酒水全部免費，讓你百分百的放鬆，無須費神規劃三餐。若只是純粹想由美洲來墨西哥海灘度假，北美各家廉價航空都有從加拿大和美國直飛上述景點的航班，不需要辛苦轉機！

古巴在一片加勒比海水域中是最大的島嶼，只是因為政治關係，目前美洲只有加拿大、墨西哥以及中南美洲國家有航班抵達，美國目前無開放航線。雖然一些廉航上可以看到他們標示出哈瓦那路線，但目前而言比較穩定且最有效率的還是由墨西哥市或坎昆出發的墨西哥航空以及古巴航空（Cubana de Aviacion）前往哈瓦納。來回票價約在350至400美元左右。大家都了解古巴的海攤、雪茄非常迷人。我建議即使不會講西班牙文，也可以大膽的走進古巴小酒巴，點一杯自由古巴「Cuba Libre」調酒；不過古巴人對這一杯酒有另外一個暱稱「Mentirida」（西班牙文，謊言的意思），因為其實古巴從未真正的自由！下次記得和古巴人一起喝杯Metirida ！！

美國的航線目前沒有到古巴，建議可以從由墨西哥搭墨西哥航空或古巴航空到哈瓦納

南美洲旅程規劃

亞洲居民對於太平洋對岸的北部相對熟悉，許許多多新舊移民在美加建立自己的領域，各項生活、觀光資訊非常發達。我希望利用介紹廉航的機會，帶大家前往美洲南部新大陸，發現不一樣的旅行體驗。

想飛往南美洲的任一個國家，有幾種不同的飛行組合排列：

- 亞洲 > 北美洲 > 南美洲
- 亞洲 > 中東 > 南美洲
- 亞洲 > 澳洲／紐西蘭 > 南美洲
- 亞洲 > 歐洲 > 南美洲
- 亞洲 > 非洲 > 南美洲

單以飛行時數來看，首站若是太平洋岸的智利、阿根廷，則以澳洲／紐西蘭轉機飛行時數最短。如果首站為巴西大西洋岸，則走中東、非洲線最快。以往為了省卻辦理美簽的麻煩，很多人選擇由歐洲轉機。但現在美簽改為電子簽章非常便利，所以航班的選擇則以價格為主要考量。

南美洲幅員廣闊，幾個比較主要的入口城市——哥倫比亞的波哥大（Bogotá）、祕魯利馬（Lima）、智利的聖地牙哥（Santiago de Chile）、阿根廷的布宜諾斯艾利斯（Buenos Aires），巴西聖保羅（São Paulo或是 Saint Paul）、里約熱內盧（Rio de Janeiro）。由亞洲（日本、上海、台北）等地出發到波哥大或聖保羅的傳統航空機票約在來回均價在二千美元左右，到南邊的智利阿根廷則超過二千二百美元。因此，我認為分段購買的價格有機會省一至二百美元。

在北美洲的章節中有提到美國的Spirit、Jetblue和墨西哥的Interjet 都有航班飛抵哥倫比亞的波哥大；由Spirit 航空邁阿密來回約三百二十美元。如果首站訂在巴西，由墨西哥城到聖保羅來回約七百美元。再往南走，Jetblue由佛州（羅德岱堡Fort Lauderdale 機場）直達秘魯利馬來回五百八十美元。洛杉磯往智利或阿根廷來回約一千一百美元。總結來說，分段購買雖能省一些費用，也須考慮班機接駁耗費時間和經費，以及接駁點規劃。

進入南美洲之後，廉航的選擇就比較多，不過在表格中，大家會發現除了GOL和Sky airline之外，廉航航線多在單一國家內。但即使如此，也不需要擔心。自從智利的LAN航空與巴西TAM合併之後，縱橫南美洲天空。推行了所謂的「LAN South America Airpass」。購買這個Airpass資格，是你有一張從任何地方由LAN或TAM航空進南美洲的機票。在此同時，One World寰宇一家、Star Alliance星空聯盟也推出「South America Air Pass」。一樣只要你搭乘該聯盟航空會員的班機進入南美洲，就可以像你所在地的航空購買這個Airpass。我做過實驗，如果你確定使用LAN或TAM，則直接上LAN的網站去選至少三個以上南美洲的城市，例如，我選了利馬→聖地牙哥→布宜諾斯艾利斯→烏蘇拉三段單程航程，LAN網站報價四百八十美元，價格相當優惠。也可以打電話到在地國家的LAN預定Airpass。如果你選擇寰宇一家的成員航空，則請跟航空公司指名購買「寰宇一家」的「South America Airpass」。LAN雖然也是寰宇一家成員，但價格有時卻差異很大。因為要多方比較才能找到最有利的價格。最後，因為各家Airpass是一項促銷優惠，只要符合資格，在進入南美的前二至三週內購買即可，讓你在時間安排上有些彈性。在購買Airpass時有幾點我要提醒大家：

1．都要在你抵達南美之前完成開票。

2．會有艙等限制，所以要及早訂位。

3．就算是Airpass也不能保證是最便宜的，大家還是可以利用我提供的廉航名單多方查詢。

南美洲主要幾個大國都有自己的廉航。巴西的GOL航空推出Brazil pass，讓你在一個月內任選國內四個航段只要五百三十二美元。如果要在巴西深度旅遊，這是非常好的選擇。哥倫比亞的主要景點都集中再北部的海濱城市，至少有三家廉航可選擇。秘魯的馬丘比丘觀光設施、規劃的非常完善，廉航每天有多班直飛庫斯科航線。智利因為產銅礦，經濟發展在整個南美洲堪稱翹楚。全南美最大的LAN航空母公司就是智利。當然幾家廉航也開發路線，一起分食這塊觀光商務交通大餅。

現在請跟著我一起暢遊南美吧！

因為南美幅員遼闊，我建議使用前面介紹的South America Airpass，預定長距離跨國單程路線。地區性的航點，則可使用國內的廉航。

景點

哥倫比亞

北美洲有多家廉航提供飛往哥倫比亞的航班，例如Spirit 從佛州的羅德岱堡（Fort Laudedale）機場到波哥大約177美元（單程）。首都波哥大其實就是個山城，走上高點時，別忘了轉身回頭沿著筆直的石頭小徑向下望。黃金博物館當然值得走一回。另外，我還建議去路易斯・安吉爾・阿倫戈（Luis Angel Arango）的圖書館。沒錯，就是個圖書館！這個圖書館由銀行贊助。除了藏書還有非常棒的藝品展覽。爬到最頂樓就可以俯瞰整個山城。哥國最有名的旅遊地為北邊面對加勒比海的卡塔赫納（Cartagena），從美國佛州搭乘Spirit航空直飛約110美元。若是由哥國首都波哥大搭乘viva colombia廉航，則費用在54美元左右。如果旅行時間非常緊迫，但想要一睹拉丁美洲風采，那麼來卡塔赫納就對了。這裡有保存良好的西班牙殖名風格建築，美味的La Langosta 餐廳提供最新鮮的龍蝦餐。另一個海灘城市聖瑪爾塔（Santa Marta）也是不錯的選擇，附近的泰羅納（Tayrona） 國家公園有提供六天的叢林探險遊程。

搭Spirit航空，佛州到波哥大約177美元（單程）
搭Spirit航空，佛州到卡塔赫納約110美元（單程）
搭viva colombia航空，波哥大到卡塔赫納約54美元（單程）

景點

巴西

GOL除了有暢遊南美的航空套票外，也提供國內4至9個航段的套票約532至1152美元，其中如果有轉機也算是一個航段。第一個航段，就從聖保羅起飛到瑪瑙斯（Manaus）前進雨林。在飛行途中，你就可以從空中俯瞰雨林，請記得選擇靠窗的位置。當地有非常多雨林的套裝行程，有些帶你認識當地的動植物如何在雨林內野地求生。有些則是讓你體會沒水沒電的雨林小屋，真正的與大自然共處幾晚。不論是長或短的行程，都是獨一無二的體驗。因為，航點的關係，要往其他地方去通常都得飛回大城市，所以可以選擇不同點進出。第二航段由瑪瑙斯飛回里約熱內盧，準備前往伊瓜蘇瀑布。因為與伊瓜蘇銜接的航點城市不多，因此還是需要回到聖保羅或里約熱內盧。

如此一來一回，4個城市套票也就使用完畢。接下來就談談，聖保羅和里約熱內盧這兩個世界知名的城市。雖然聖保羅的治安一直是亮紅燈，但還是許多人慕名前來。地鐵四通八達，而且已經有將進40年的歷史，整體乘坐感覺還算是乾淨舒適。知名的25街人潮洶湧，可以買到奇奇怪怪琳琅滿目的小物。當然來了巴西就不能不吃窯烤，Fogo De Chao是知名的連鎖店，在美國也有分店。隨著巴西幣一直飆升，價格在台幣2000至2500左右，有興趣的人可以去試試。當然你如果看到其他餐廳有這個字「Churrascaria」，也可以試試平價的窯烤。里約熱內盧是個海灘、派對的城市。即使不花錢也能得到很多樂趣，可以爬上高處俯瞰整個城市海灘、享受陽光明媚海灘，再來就是我的最愛，逛傳統市場。Ipanema的Hippie Fair只在周日開放，在General Osorio 廣場有傳統手工藝與道地巴西小吃。

景點

秘魯

秘魯利馬（Lima）就如同大多數中南美洲國家，在阿雷基帕城（Plaza de Arma）廣場上有著雄偉的教堂、做生意以及閒晃的民眾。大多數來此地遊客可能都是要前往庫斯科（Cusco）搭乘火車到馬丘比丘（Machu Picchu）。利用Peruvian 航空，最低從54美元由利馬飛往庫斯科。利用半天到一天時間適應高山反應絕對需要。我眼冒金星四肢無力，還是硬拖著身體逛逛這個美麗，今生可能只走一回的地方。隔天火車沿途上，既想欣賞山巒疊起風光，又抵不住高山反應帶來的疲勞。總之，每個想要來一睹馬丘比丘風采的遊客，都會先被折磨一番。

站在馬丘比丘的高處往下望，腦中不斷堆疊出曾經見過的的圖片與影像。想像5、600百年前，印加人在這雲霧寮繞的深山中進行神秘的儀式與祭拜。有了山色，接下來要去看湖光。的的喀喀湖（Titicaca）的蘆葦船一直是我的浪漫幻想。從庫斯科想直接飛，則只有LAN航空。其他廉航全都要回利馬轉機。官網上價格200美元。但如果是用LAN South American Airpass,則只有不到100美元。LCPeru航空有飛越納斯卡線（Nazca line）的行程，可以包含購買利馬來回的機票。窺探這些神秘線條價值200美元，對古文明有興趣的朋友應該覺得值回票價。最後，來一杯酸味皮斯可（Pisco Sour）總結一下祕魯。它是由皮斯可（Pisco）、萊姆、糖漿、蛋白發泡，有時還會加上南美特有的苦味劑調成的雞尾酒。喜歡水果味重則可以點Mango Sour試試。我不是個酒量好的人，所以通常都是請酒保將皮斯可（Pisco）減量，然後就可以多享受幾杯這種酸甜酸甜的酒精飲料。

智利

首都聖地牙哥（Santiago de Chile）有來自四面八方的航班。智利本國的廉航Sky航空，除了飛往國內南北各大城市，也提供從聖地牙哥飛往哥倫比亞、秘魯、阿根廷等跨國航線。

智利國土狹長，北部岩石沙漠提供每年達卡拉利賽車最佳的環境，南部湖區有煙霧繚繞的火山做背景；我就先從北邊談起，由聖地牙哥搭乘PAL 航空到安托法加斯塔（Antofagasta），約66美元含稅，這個城市主要是銅礦出口港，市區內有個海鮮市場，鮑魚干貝生蠔等生、熟食讓你買不完吃不完。若是要去聖佩德羅德阿塔卡馬（San Pedro de Atacama），也可購買到卡拉馬（Calama）的機票，主要是看當時哪個城市價格較為划算。別看聖佩德羅德阿塔卡馬活像是龍門客棧那種荒天野地、白牆泥瓦景觀，其實旅遊觀光業非常完備。除了經濟型住宿，也不乏星級飯店。在街上有許多一日遊的行程，再這裡待上三四天也不乏味。

靠近祕魯邊境的自由港伊基克（Iquique），你會意外發現有非常多的華人在這裡做生意，甚至是世代相傳的家業。臨時想吃點台灣家鄉味，這裡的口味肯定夠道地。聖地牙哥往南開始進入大大小小的湖區，Sky航空飛到蒙特港（Puerto Montt）大約150美元，這裡能有機會遇見世界上最大的哺乳動物藍鯨。從聖地牙哥飛往最南邊的蓬塔阿雷納斯（Punta Arena），單程飛行時就要4個半小時，Sky航空依季節票價在100至200美元之間。這裡是南美洲帝王蟹盛產地，我有個智利朋友，因為失戀跑來這裡捕抓帝王蟹維生。大概是想利用天寒地凍來冷卻自己的心吧。

雖然南美洲對於亞洲遊客來說地理環境相對遙遠，但是也正因為如此，整體的旅遊體驗非常不同於一般人常去的歐洲或北美洲。另外，因為南美的生活消費除了巴西之外，相對來說比較經濟實惠，我認為只要好好研究做足廉航功課，你絕對可以在有限的經費預算內，享受少數人才有的獨特南美洲旅行體驗。

智利南北長4,300公里，東西平均寬度200公里，狹長的地形，擁有相當豐富的觀光資源。知名的觀光景點之一 — 復活節島的巨石像。

南美洲廉價航空一覽表

廉價航空	飛行區域	行李限制	特色	網址
EasyFly	哥倫比亞北部	一件行李15公斤免費	無英文頁面	http://www.easyfly.com.co
VivaColombia	哥倫比亞境內	付費行李	英文網站	http://www.vivacolombia.co/
Aerolínea de Antioquia	哥倫比亞西北部	付費行李	無英文頁面	http://www.ada-aero.com/
Peruvian Airlines	秘魯	免費兩件行李（2件總重25公斤）	英文網站	http://www.peruvian.pe/en
Star Peru	秘魯	一件行李25公斤免費	英文網站	http://www.starperu.com/es/
LCPeru	祕魯	付費行李	無英文頁面	http://www.lcperu.pe/
Amaszonas	波利維亞 秘魯 巴拉圭	一件行李免費20公斤	英文網站	http://www.amaszonas.com
Azul Brazilian Airlines	巴西全區	一件行李免費23公斤	英文網站	http://www.voeazul.com.br/
Gol Transportes Aereos	巴西全區 烏拉圭 阿根廷 巴拉圭 波利維亞 委內瑞拉 巴拿馬	一件行李免費23公斤（國內、國際） 兩件行李免費23公斤（從巴西飛往北美城市）	英文網站	http://www.voegol.com.br
Passaredo Linhas Aéreas	巴西全區	一件行李免費23公斤	英文網站	http://www.voepassaredo.com.br
Pal Airlines	智利中北部	付費行李	無英文頁面	http://www.palair.cl/
Sky Airlines	智利全區 阿根廷 秘魯 哥倫比亞	一件行李免費23公斤	英文網站 可用PAYPAL付費	https://www.skyairline.cl

第五章 搭廉航遊歐洲

以目前台灣直飛歐洲的班機來看，只有少數幾家，而且可以進入歐洲的點也限制幾個歐洲較大、台灣較熱門的旅遊點，因此，大家在規劃歐洲的機票時，都要有轉機或停留的心理準備，整個飛行的時間幾乎都是要超過十四個小時以上，所以我其實不太推薦各位在台灣到歐洲這段航程購賣廉價航空的機票，一來是可以選擇的廉價航空公司不多，二來有很大的可能性需要不斷轉機，把每段機票的價格加總之後，不見得比一般傳統的航空公司還來得便宜，卻要負擔多次轉機丟失行李，行程延誤的風險；因此我強烈建議各位前往歐洲可以直接找一般的傳統航空公司。

飛往歐洲

讓我們先從台灣有直飛歐洲的班機來看：

1.中華航空（CI）

每天一班直飛阿姆斯特丹，但中途班機停留曼谷機場約一小時十五分；每週二、四、日直飛法蘭克福；每週一、五直飛羅馬，但中途停留阿不達比一小時十分。

2.長榮航空（BR）

每週三、五、日直飛巴黎；每週一、二、四、六直飛阿姆斯特丹，但中途班機停留曼谷機場約一小時十五分；每週二、四、六直飛倫敦，但中途班機停留曼谷機場約一小時十五分；每週三、四、五、日直飛維也納，但中途班機停留曼谷機場約一小時二十分。

3.荷蘭航空（KL）

每天一班直飛阿姆斯特丹，但中途班機停留曼谷機場約一小時十五分。

但既然是直飛，價格自然並不便宜，大多票價都在五萬上下，所以這絕對不是我要建議大家的第一選擇。以我的目標，是希望飛機的票價大約落在兩萬多到三萬的區間，這樣的話，轉機停的點，大約就只有停一個，基本上接近直飛的狀況（很多直飛，還是會落地加油，只是大家從頭到尾都是搭同一班飛機，但轉機的話，就會換飛機，甚至是換不同的航空公司），那以這樣的狀況，我們能夠有甚麼選擇呢？

以這樣的條件，只要提早購買或是避開熱門的旅遊時間，其實選擇還真不少，但我這裡要特別介紹的是以下兩類的航空公司：

4.中東系的航空公司

近年來，以中東為轉機基地的中東系航空公司，可以說是在亞洲接駁歐洲上的航線，大殺四方，他們擁有頂級的飛機設備，一流的服務，卻能夠以極有競爭力的價格投入這個市場，過去，以台灣出發來說，飛歐洲，機乎都是泰航的天下，並以曼谷作為轉機的基地，但這些年，中東轉機比例已經愈來愈高，雖然台灣的民眾在中東國家轉機，基本上都需要再額外花錢辦理轉機的簽證（有些航空公司有提供優惠，線上辦理可以提供免費的轉機簽證）。

目前幾個比較知名的航空公司分別為：國營的阿酋航空、卡達航空和阿提哈德航空（Etihad Airways），而吸引大家想搭乘這些中東航空公司的原因，不外乎就是嶄新的硬體設備和奢華的頂級服務（我記得在Discovery頻道上曾經看到，阿酋航空的頭等艙甚至配有淋浴設備，和可以讓你躺下睡覺的空間，以飛機的空間利用來說，可以說是相當奢華的設計，另外頭等艙旅客還擁有私人套房、二十三吋電視、迷你吧，還有一支連繫空服員的電話），不過，地理位置才是上述這三家中東航空公司快速崛起的最重要因素。自杜拜、杜哈或阿布達比飛行八個小時，便可連繫全球三分之二的人口，其中包括中產階級逐漸增加的印度、中國和東南亞。因此這些中東航空公司一點都不需要擔心客源的問題，憑藉這批極具消費潛力的客戶，航點一個一個開，載客率也不斷提高，載客率對航空公司而言就是獲利的保證，同時也讓他們的票價能更有競爭力。

另外就是中東當地的氣候條件適合飛行（沙漠氣候乾燥，甚至有些停用的飛機，會被放到沙漠去封裝放置），還有便宜又沒有加入工會的勞工，這就代表著跑道不會因大雪而關閉，飛機不用在空中盤旋等待降落，而且沒有歐洲時常發生的罷工問題，導致班機取消。

最後就是便宜的石油、優惠的稅務環境等，在燃油一年比一年貴的情況之下，這些產油國家自然能夠擁有其他航空公司無法比擬的強大成本優勢（畢竟，油的價格就是這些人在管）。

5.中國系的航空公司

以台灣出發飛往歐洲，另一個便宜的機票選擇就是大陸的航空公司，這主要歸功於中國的經濟起飛。跟前一段提到的一樣，載客率代表著一間航空公司的獲利能力，以目前歐美經濟疲弱的狀況，中國一直是許多企業覬覦的市場，因此每年前往中國大陸經商或是旅遊的人數不斷增加，在這樣的時空背景之下，中國與世界其他各地的往來就變得更頻繁，無論是從北京、上海或香港轉機，飛往歐洲的班機不但航點多，價格上也相當有競爭力，但在硬體和服務上，可能就和中東的航空公司有段差距。

在聽完我介紹比較推薦的飛行選擇後，想必還是會有不少朋友會問，兩萬多三萬，還是太貴，不知道還有沒有更便宜的選擇，是不是能有一萬出頭就能飛往歐洲的機票呢？這個答案當然是肯定的！不過前提是你要能耐住長時間等待，與多點的轉機。

曾有網友分享，在skyscanner上找到的超便宜歐洲機票，搭乘葡萄牙航空從香港飛，中間經過杜拜與里斯本，最後抵達葡萄牙的豐沙爾來回含稅只要二百多英鎊，然後從豐沙爾飛往另一個小島波爾圖（Porto，葡萄牙第二大城，來回大約台幣四千多的機票），就有Ryanair（歐洲知名的廉價航空）可以前往歐洲各地了，如此一來，前往歐洲的機票就能夠壓在兩萬以內。但這樣挑戰極限的飛法，真的要堅強意志或是錢包冷清的人，才有辦法接受，對我來說，小資旅行的確在預算上有它的限制，但如果可以，我還是會在能夠享受的範圍內盡量享受，畢竟出門旅遊不是出門修行，稍微多花點錢能夠節省一些時間，也讓自己不這麼疲憊，我想這點錢可說是花得相當有價值了。

最值得去旅遊的城市，歐洲列名最多

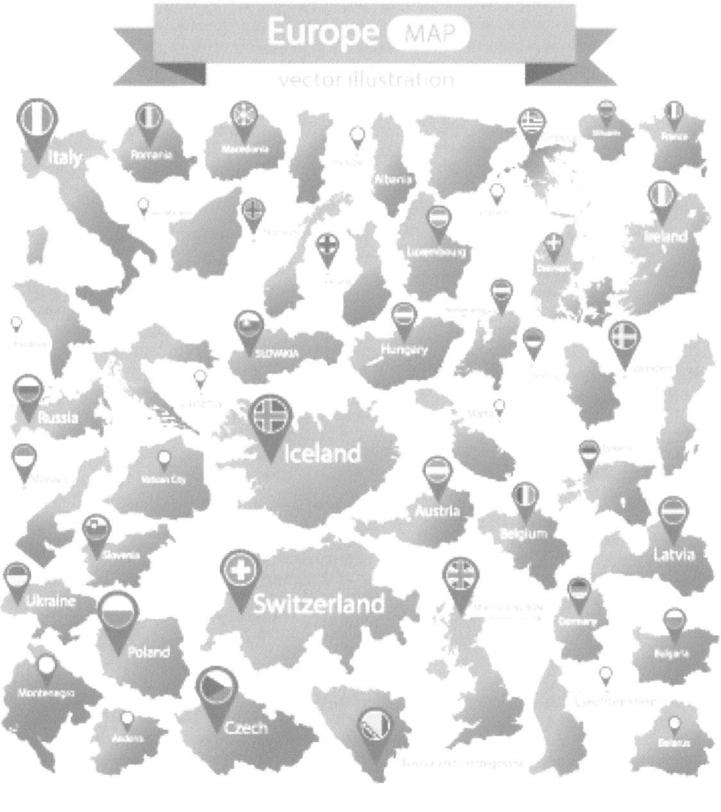

從中國飛往歐洲的機票便宜的原因是載客率高，代表獲利能力也高

歐洲廉價航空的介紹

雖然歐洲各國大多都可以透過陸路相連，大家直覺上都會覺得陸路交通應該會比飛機還要來得便宜，但根據我當交換學生時到處打滾的經驗，隨著移動的距離拉長，很多時候機票是比火車票還要來得便宜。但大家在買便宜機票時，需要注意廉價航空的機場通常有點偏僻，例如，Ryanair飛維也納的機場，其實是在斯洛伐克，它只是「靠近」維也納，並不是在維也納境內，抵達斯洛伐克之後，還需要坐接駁車前往維也納。如果機票有特價時，我其實還蠻常遇到接駁車的票價比機票貴的情況，因此這時候就要先做好評估，千萬別看到便宜的票價，就失手下訂了。

以下我們來看看幾家歐洲知名的廉價航空公司吧！

廉價航空	說明	網址
Ryanair	歐洲最有名的廉價航空公司。	http://www.ryanair.com/site/EN/
Easyjet	歐洲最大的廉價航空，降落各主要機場。	http://www.easyjet.com/
Flybe	英國和愛爾蘭20個機場飛往全歐及紐約。	http://www.flybe.com/
Air Berlin	以德國為基地，幾乎能達到所有的西歐和南歐主要旅游遊城市和度假地。	http://www.airberlin.com/
Hapag Lloyd	德國最大廉價航空之一，航線多，落地大多是一些主要機場。飛往義大利，西班牙和地中海一些島嶼。	http://www.hlx.com/de/index.html

廉價航空	說明	網址
Germanwings	以德國科隆、斯徒加特、柏林三個城市為基地，飛往歐洲各地。	http://www.germanwings.com/language_selector.html
Germania Express	在德國大多數城市都有起飛的航班，目的地為義大利、希臘、莫斯科以及地中海度假區。	http://www.flygermania.de/en/
DBA	以慕尼黑和杜賽爾多夫為基地，主要飛往德國各大城市和希臘、義大利、法國南部等地。	http://www.bmibaby.com/bmibaby/html/en/splash.htm
Bmibaby	以英國為基地飛往西歐各主要城市，航線較多。	http://www.bmibaby.com/bmibaby/html/en/splash.htm
Virgin Express	以比利時布魯塞爾為基地，主要飛往地中海沿岸國家，如西班牙、法國、義大利、希臘。	http://www.virgin-express.com/
Jetweb	瑞典的廉價航空機票銷售網站，有瑞典國內的航班，還有飛往歐洲和世界各地的航線。	http://www.jetweb.se/404.aspx?aspxerrorpath=/switchLanguage.do
Condor	經常提供29歐元的短途航線和99歐元的長途航線，目的地以度假區 主。99歐元的機票一般從法蘭克福出發，前往馬爾地夫、曼谷、加、美等地。	http://www9.condor.com/tcf-eu/index.jsp
Volareweb	義大利最大的航空公司，經常有打折促銷。	http://buy.volareweb.com/jsp/web/index.jsp?lang=en
InterSky	歐洲境內廉價航空公司。	http://www.intersky.biz/

引用資料來源於「背包客棧」—
http://www.backpackers.com.tw/forum/showthread.php?t=20088

旅程規劃，說在前面

在前面就一直不斷提到，就算是號稱「廉價」航空，但有很多時候，其實，購買廉價航空付出的額外成本比機票本身還要昂貴的（無論是機場接駁，或是可能要睡機場的冷門起飛或抵達時間），這點即使是你已經到了歐洲，在歐洲大陸內移動，也同樣適用。因此大家在規畫旅程時，一定要謹記在心。

雖然歐洲因為廉價航空最大行其道，再加上申根簽證的便利，對背包客來說，歐洲根本就是背包客們的天堂，但不同的人還是有不同的玩法。如果你特地請了兩周的假去歐洲旅行，那我會建議，只要在能配合行程的前提下，再利用廉價航空就好，不然移動的交通方式相當多，絕對沒有必要一定都要搭廉價航空；畢竟廉價航空會發生的變數太多（延飛或甚至停飛），打壞了旅行的興致可就不好，尤其你是大老遠飛去歐洲旅行，絕對不是為了受氣的。

如果你有一個月到兩個月的時間，或是目前住在歐洲的某個國家、有認識的朋友可以讓你在歐洲有個據點，或像我一樣在歐洲當交換學生，可以在歐洲流浪（雖然我是來念書的，但感覺流浪好像才是我主要的目的），那就非常推薦搭廉價航空作為移動的工具。

以我來說，到瑞典交換之前，其實我從來沒到過歐洲任何一個國家，因此無論去哪一個國家，對我來說都是新的體驗，所以基本上我去哪個國家都可以，而根據這樣的情況，我最常使用的是Ryanair，因為它是最大的廉價航空，航線也最多，基本上整個歐洲大陸都有航點。

我的規劃方式首先是訂一個主要的目的地，例如，有認識的朋友住在南法尼斯，而當時正值坎城影展期間，還有摩納哥大賽車（以上這三個地方都在附近，坐火車大概是台北到桃園的時間），因此，這次我要去的主要地點就是尼斯，這時我就會先找有沒有從瑞典直飛尼斯的班機。

若發現沒有，沒關係，天無絕人之路，我也能直接先從尼斯去反推，看看有哪些航點是有飛尼斯的（有一個好處是廉價航空飛的也是主要的尼斯機場，不用另外找接駁）。所以我找到了愛爾蘭的都柏林（基本上Ryanair就是以都柏林為基地，所以從這邊出發，基本上是可以飛到所有Ryanair有飛的航點）。那接下來就是看看瑞典有沒有可以直飛都柏林的航班，如果有，那就要看時間搭不搭的上，大概需要等多久，再決定是否轉機，或順道玩一下。

機票的票價也很重要。如果從瑞典出發，當天有便宜的機票可以從都柏林直飛尼斯，那就在機場等轉機就好。但如果說需要等個幾天才有便宜的機票，那就順道在都柏林玩個幾天再走，對我來說，可能會有額外的花費，但這也是規劃的有趣之處。

因為台灣現在去愛爾蘭也是免簽，所以完全不需要為了額外多停一個點，而擔心簽證的問題，而我當時趕著去看坎城影展和摩納哥大賽車，因此沒有太多時間可以在都柏林玩，所以就選擇了飛去都柏林，在機場睡幾個小時，然後直接轉機飛往尼斯；而這樣就完成了去程的部分。

那回程呢？最簡單的方式，就是照著原路飛回來就好。但如果你還有一些時間的話，那就可以用比較迂迴的方式回到你的根據地（基本上我出門一趟，大概就會規劃大約兩周的出遊時間，這樣不會太累，也不會好像只出門一下下就回來的感覺）。

當時我選的方法就不是從原路回去，一方面是直接原路回去的機票有點貴，無法配合我回去的時間；另一方面就是直接回去有點無聊，所以我就再找了一下，同樣在尼斯附近還有哪些地方可以飛的，因為去很多Ryanair機場也都是要做頗遠的接駁車，就當作是坐接駁車，但又可以多跑一個地方去玩。

首先看看瑞典直飛法國還有那些航點，再從其中找最靠近尼斯的地方，因此我就找到了馬賽，而且我從尼斯，可以直接坐TGV㊟前往馬賽（票價有一點點貴，但反正我在尼斯住宿已經沒花錢了，稍微花點錢體驗一下法國的高速鐵路TGV也是不賴），到了馬賽順道觀光一下，就可以直飛回瑞典，這樣我不但少轉一次飛機，還體驗了TGV，又做了馬賽的觀光，這種不浪費時間的旅程，才是利用廉價航空旅遊的真義。

廉價航空只是在歐洲旅行眾多交通方式的其中一種，千萬別被廉價航空這四個字束縛。配合自己的行程，好好利用，如果需要犧牲太多，那就多花一點錢，選擇能讓自己旅程更舒服的方式，那才是真正聰明的選擇。

㊟：法國的高速鐵路TGV，法國高速列車（法語：Train à Grande Vitesse，意為「高速度列車」），通稱TGV。

參考我的行程：瑞典到南法尼斯

去程 → 瑞典 斯德哥爾摩 →（飛機）→ 愛爾蘭 都柏林 →（飛機）→ 法國 尼斯

（拜訪尼斯的朋友＋坎城影展＋摩納哥大賽車）

回程 → 法國 尼斯 →（巴士）→ 法國 馬賽 →（飛機）→ 瑞典 斯德哥爾摩

（拜訪尼斯的朋友＋坎城影展＋摩納哥大賽車）

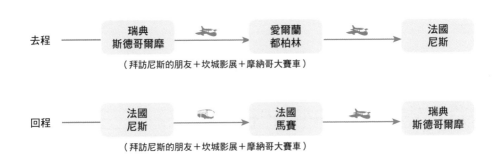

西歐旅程規劃

基本上，搭廉價航空或多或少都有些需要犧牲配合的部分，無論是出發的時間，或是能飛的地點，這樣的情況其實有好有壞，壞處是當行程已經訂好之後，想要找到剛好配合的廉價航空班機，其實是相對困難的。但這樣的限制性，某種程度也有它的好處。一開始規劃旅行時，可能會覺得沒有頭緒，但這個時候如果出現了一張超級便宜的廉價航空機票，我們就能夠基於這張機票，開始慢慢去設計和規劃這次的旅行。愈早放進行程的部分，就愈有彈性，之後的行程就是配合前面的行程來去安排，透過這種方式慢慢重整，就能夠安排好整趟行程。

一般來說西歐的幾個國家有荷蘭、比利時、英國、奧地利、瑞士、法國、德國和愛爾蘭，而這也是台灣人歐洲旅行最主要會去的地方，如果需要利用廉價航空安排這幾個國家的旅程，也相對容易，因為想要前往這些國家的旅客多，能選擇的航班也較多，不用受制單一航空公司。

我利用之前安排荷比盧旅行的部分來稍微做個範例。西歐這些國家可分成兩大類，一類是英、德、法這幾個國家，單一個國家就有好幾個城市可以去玩，一類是荷蘭、比利時、奧地利和愛爾蘭這些面積相對較小的國家，在旅程中，可能就搭配附近的大國，或小國家一路連線玩。

像我提到荷比盧的玩法，就是標準的小國連線玩法，因為這幾個小國家都是相鄰的，如果出門只單去某個國家可能會覺得有點玩不夠，因此可以一路邊移動邊玩，把這些國家串在一起。

而我之所以會安排這個旅程，起因就是AirBerlin在情人節的時候舉辦特賣，是兩人同行的機票，可以從丹麥直飛荷蘭，而且無論出發或是抵達，都是使用主要的機場。有了主要目標之後，就開始根據這個主要行程，再安排前後的相關行程，和我一起買兩人同行機票的朋友，雖然一樣是住在瑞典，但他們住在比較南端的城市，考量飛行距離，我們決定自丹麥的哥本哈根出發。

不過單純的移動會合實在太無趣了，因此我打算提早到哥本哈根，去找另一個朋友，順道也在那裡玩個幾天，而Ryanair並沒有斯德哥爾摩直飛哥本哈根的飛機，我就使用skyscanner來找看看還有沒有其他選擇，只是票價不便宜、路線太迂迴、機場又太偏僻；因此我就轉而來查瑞典國鐵的車票，雖然瑞典和丹麥隔著波羅的海相望，但其實是可以坐火車過去的，在瑞典南端的城市馬默爾（Malmo）換車，就可以直達丹麥的哥本哈根，所以我就挑了一個清晨出發的火車，雖然中間旅程長達六小時，但因為是一大早就出發，到了哥本哈根不過就是中午而已，順道也利用鐵路來感受一下瑞典沿路的自然風光。

和朋友會合之後，就是荷比盧的行程安排了，基本上這幾個國家是緊鄰的，雖然一樣是可以找找看有沒有廉價航空，但如果是相鄰國家的移動，其實坐廉價航空反而相對麻煩，一是坐飛機時間可能節省不了多少，還得多支付一些接駁的車費，所以最有可能需要利用廉價航空的機會，就是回家的時候，一路玩到最後一站，再來找看看附近有甚麼航點可以讓你直接飛回家。

荷比盧間的移動，一般最推薦的玩法就是租車！而且可以甲地租，乙地還，當時我們是在荷蘭的Europcar租車，一路往下玩，最後在比利時還車，開車雖然挑戰度比搭車高以我的經驗來說尋找布魯日時，瘋狂迷路，也差點在高速公路上被追撞，但有趣的程度也是加倍，時間自由，行動也方便，想出發就出發，還能去預料之外的地方，所以非常推薦有駕照的朋友可以利用這種方式來玩荷比盧，只要出國之前更換一下國際駕照就可以了，租車的過程也相當快速方便。

那最後就是回家的部分了，其實荷比盧就緊臨著德國，所以最後離開的時候，我選擇從法蘭克福回去，雖然說法蘭克福基本上就是個商業城市，不太有觀光名勝，但光靠著可以直接飛回瑞典又有便宜的機票，就足夠讓我願意從盧森堡，搭三小時的火車過去了，其實並不算太久，但順道能欣賞到的萊茵河景色，無價啊！

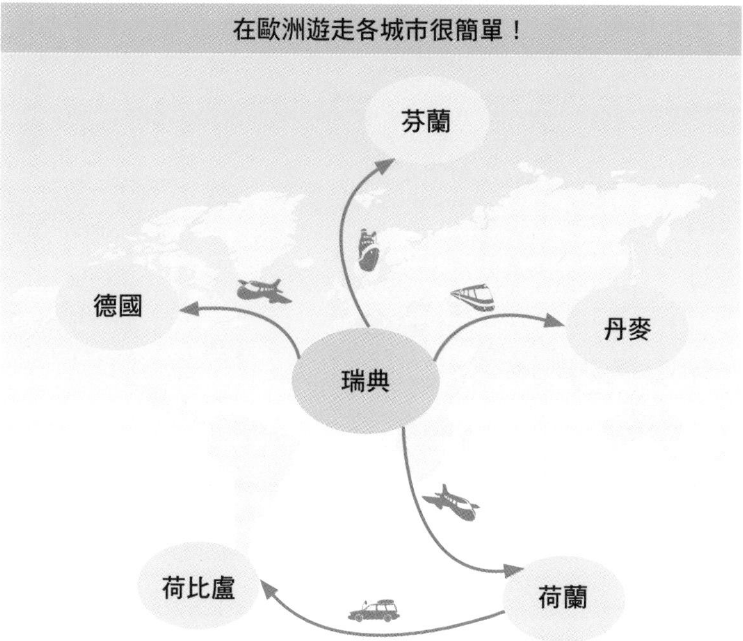

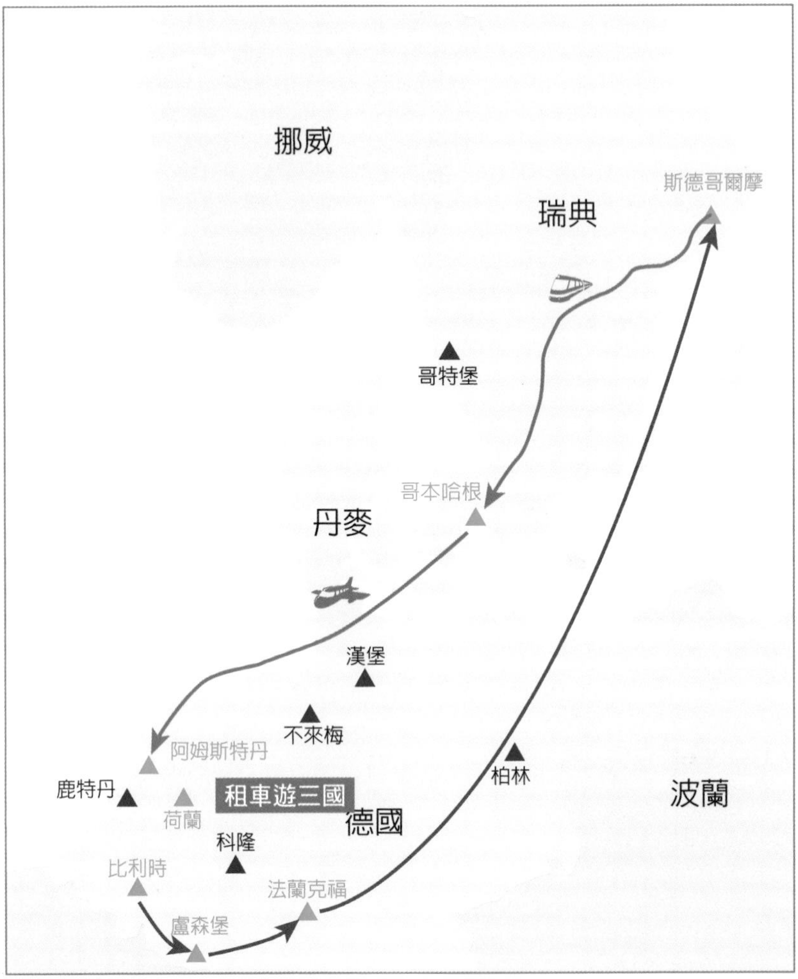

參考我的行程：瑞典到南法尼斯

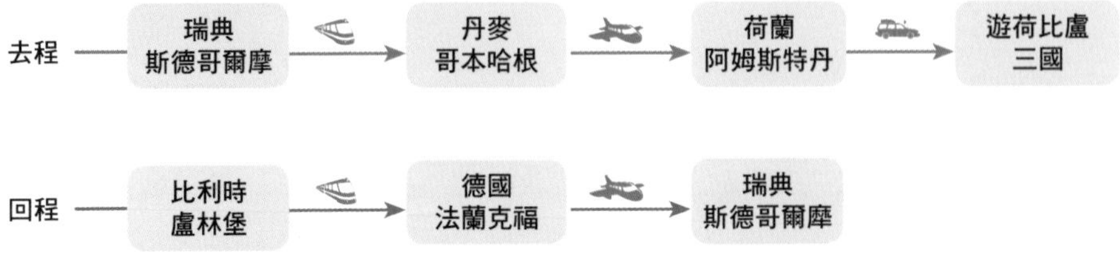

北歐旅程規劃

一般提到北歐，大概就是瑞典、芬蘭、挪威、丹麥以及波羅的海三小國的愛沙尼亞、拉脫維亞與立陶宛。前四個北歐主要國家都還蠻好安排的，交通相當方便，唯一要注意就是冬天真的太冷，飛機很常因為天氣的關係而取消或是延誤。基本上，大家冬天不太會來北歐玩，多是為了去極圈內看極光、聖誕老人村或是體驗〇〇七去看ICE Hotel。當然要直接坐飛機去到極圈也可以，但機票通常相當昂貴，所以可能會使用的方式是坐夜車，像斯德哥爾摩出發就有臥鋪可以讓你直接坐到極圈內的基律納（Kiruna），是我覺得比較實惠的方式，但如果時間受限的人還是可以考慮使用飛機，航程大約一個半小時就能夠從斯德哥爾摩抵達基律納。

老實說，根據我在北歐認識的朋友都說，其實他們冬天實在不太喜歡出門，只有像我們這種來自亞熱帶，不太有機會看到雪的人，才會想在冬天去北歐旅行。對歐洲人來說，夏天才是北歐的精華旅遊季節，第一，他們的夏天真的非常短，大概只有兩個月的時間，天氣就會又開始變冷，黑夜變長；第二，北歐夏季的氣溫真的相當宜人，大概都維持在二十度左右，加上比較乾燥，你可以感覺到夏天在北歐旅行就像在室外開了空調一樣，雖然照不到太陽的地方會有點冷，但在可以曬到太陽的地方，你就會不自覺得伸起懶腰，除了舒服之外，實在找不到第二個形容詞了。

至於旅程的規劃，我會建議以瑞典為據點，再去各個你想去的地方。會推薦瑞典的原因是，第一個，以真正的廉價航空來說（北歐其實也有不少號稱廉價航空的航空公司，但你看到票價就不會覺得他們是廉價航空），瑞典是比較早開航的，尤其是斯德哥爾摩，可以前往的地方，算是在北歐數一數二多的，第二個它剛好是在北歐的中間，往右去芬蘭，往左去挪威，往南去丹麥，跨個海就能到波羅的海三小國，交通選擇的方案也多。

前往芬蘭，比較推薦的是從斯德哥爾摩直接搭渡輪，瑞典人還蠻常透過這種方式來度周末，週五晚上搭渡輪，隔天一早醒來就到了赫爾辛基，在赫爾辛基逛個一天，傍晚再一樣搭渡輪回瑞典。

前往挪威奧斯陸的話，可以搭乘火車或是飛機，選擇的方式，就看自己的時間和廉航的搭配。前往丹麥的話，主要是以搭火車為主。

但以瑞典、丹麥、挪威與芬蘭這四國來安排的話，我會建議以下的串接；從哥本哈根進入玩個幾天後，搭火車前往奧胡斯（Aarhus），中間經過歐登塞（Odense）還可以參觀一下安徒生之家，再從奧胡斯搭廉價航空前往奧斯陸，體會過冰河峽灣的壯闊之後，再搭火車前往瑞典，停留個幾天，感受一下諾貝爾獎的洗禮後，搭乘渡輪來到芬蘭，完成這四國的串接。

如果大家想去波羅的海三小國的話（愛沙尼亞、拉脫維亞與立陶宛），無論是從瑞典或芬蘭出發都蠻方便的，斯德哥爾摩的廉航，都有這三個國家的航班，到了其中一個國家之後，剩下的國家搭乘巴士就可以了；而芬蘭的話，還可以搭渡輪前往，體會一下不同的移動方式。

最後，北歐的進階題，就是冰島了，以前飛冰島都蠻貴的，不太有甚麼便宜的選擇，所以大多就是在能配合自己的行程之下，盡量找便宜的機票。但冰島真的是一個相當特別的國家，擁有全世界獨一無二的地理景觀，想知道甚麼叫做冰火共存，那就非來冰島一趟，因此就算機票並不便宜，但仍然想去朝聖的朋友們，也在所多有；不過好險二〇一二年開始營運的冰島籍廉價航空Wow Air，提供大家另一個優惠的選擇，如果從

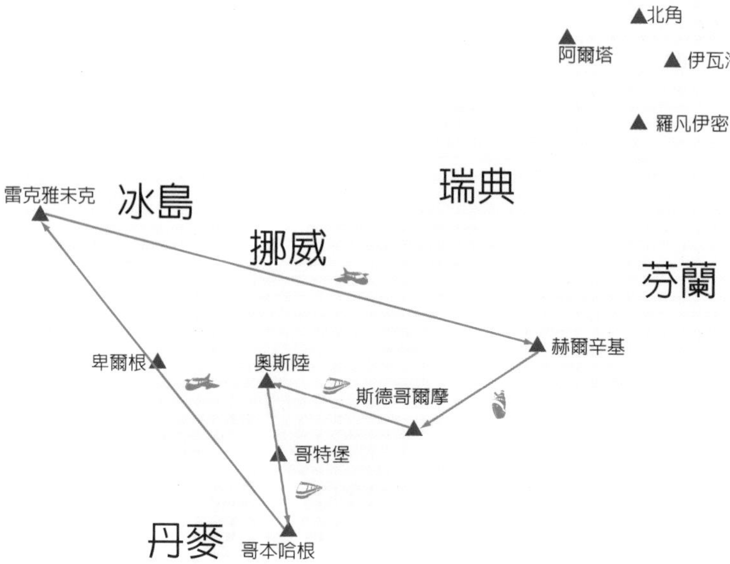

參考我的行程：北歐五國

瑞典 斯德哥爾摩 → 挪威 奧斯陸 → 丹麥 哥本哈根 → 冰島 雷克雅維克 → 瑞典 斯德哥爾摩 → 芬蘭 赫爾辛基

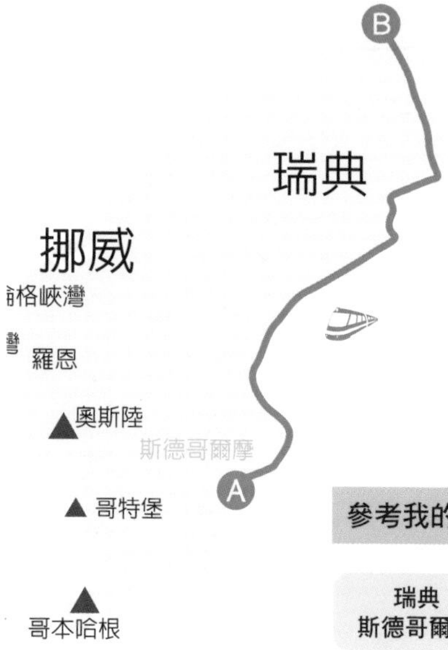

參考我的行程：極圈的基律納

瑞典 斯德哥爾摩 → 搭夜間火車臥舖 → 極圈 基律納

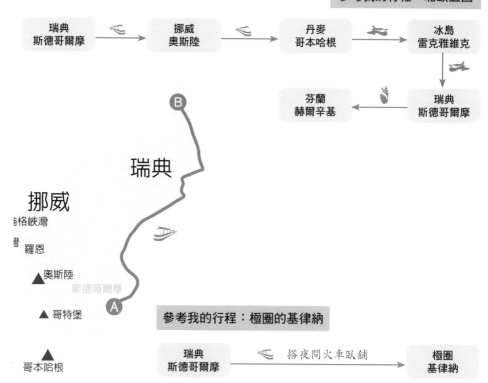

北歐這幾個國家出發的話，可以選擇哥本哈根或斯德哥爾摩，而且它使用的是主要機場，並非一般廉價航空的偏遠機場。如果想把冰島串進北歐四國的話，順序可以是奧斯陸出發，前往丹麥，再從丹麥飛冰島，冰島再回到斯德哥爾摩，最後一樣從斯德哥爾摩前往芬蘭離開。

波羅的海三小國：愛沙尼亞、拉脫維亞與立陶宛

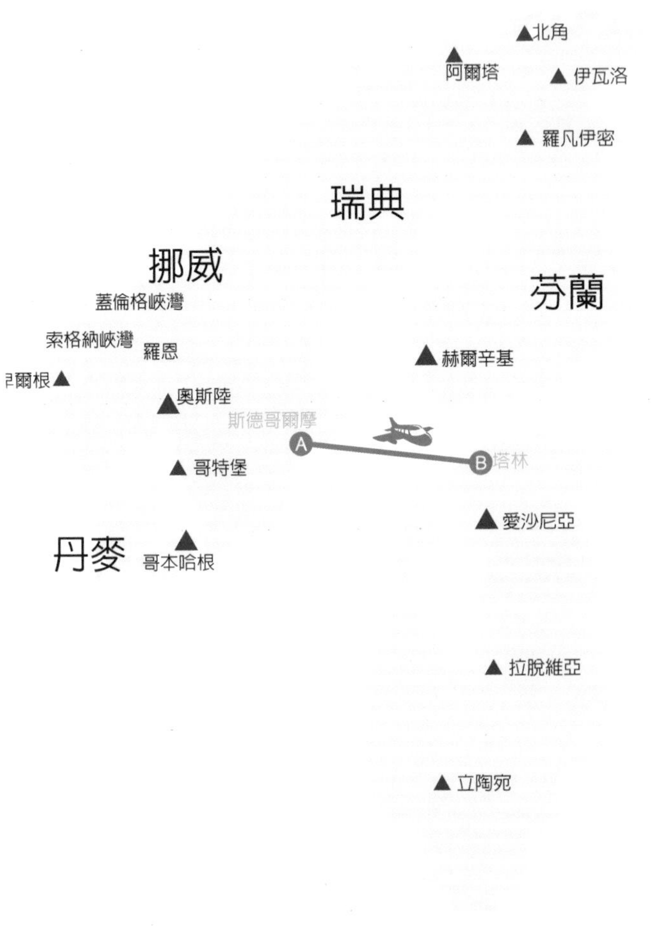

參考我的行程：波羅的海三小國

瑞典 斯德哥爾摩 → 任一國皆可 → 周遊三國

南歐旅程規劃

除了西歐之外，我想最受台灣人歡迎的歐洲旅遊行程，絕對就屬南歐了。

西班牙的巴塞隆納、希臘的雅典與愛琴海小島、更不用說讓許多觀光客都刷爆信用卡的義大利了。圍繞在地中海周圍的南歐國家們，有了海洋的調節，在氣候上相對其他歐洲國家來得溫暖，適合旅行的時間也相較其他國家還來得長，不過希臘的部分，基本上是一定要去愛琴海上的小島們，看看世界第一的夕陽與沿著山坡蓋的藍白相間小屋，只去雅典實在太可惜了，夏天為其主要的旅遊季節，如果在其他淡季去的話，要注意的就是前往這些小島的渡輪航班，不但航班可能減少，因為氣候而停駛的機率也大大提高，另外就是島上可能根本就沒有人，無論是住宿或是餐廳，在淡季的選擇也會相對有限。

同樣的，我以之前安排的義大利之旅，作為範本，提拱大家一些安排南歐旅程時的一點小小建議。

就如同我一開始說的，這趟是以義大利為主的旅程，最先確定的就是在義大利所要走的行程，在義大利，我打算大概待一周左右的時間，因為不想玩得太趕，而且義大利的每個城市都有不少景點，所以最後的安排是一路從米蘭往南，到威尼斯、佛羅倫斯，再到比薩去扶一下斜塔，最後以羅馬當作義大利最後一個景點後，離開前往其他國家。不過如果比較有時間的人可以繼續往南玩，一路到拿坡里和龐貝城。

義大利內的交通，主要以鐵路為主。住宿的部分，有兩點要提醒大家注意：第一就是威尼斯小島上的住宿相當昂貴，不過如果住在靠近內陸的海埔新生地，就相對便宜許多，而且從那附近坐火車進到威尼斯也相當方便，所以如果不是口袋麥克麥克的朋友，建議可以用這種方式來安排威尼斯的行程；另外就是羅馬，羅馬一直以來都是非常熱門的景點，它的住宿不太容易找到便宜的，一個晚上就算是二十歐元，也只能分到青年旅舍的一張床，因此，如果可以早點確定，請優先確認好羅馬當地的住宿。

另外在義大利旅行要特別注意的就是自身的財物安全，雖然說比較嚴重的犯罪相較下不多，不過扒手或是一些詐騙觀光客財物的小犯罪，可說是層出不窮，這點我想無論是哪一本講義大利的旅遊書，一定都會特別提醒大家。這邊我也以自身的經驗和大家做個分享：我去米蘭大教堂時，同行的旅伴就有遇到所謂的飼料人，雖然在教堂外有不少警察，但仍然有不少想趁機占觀光客便宜的小混混，他們會趁你不注意，將鴿子飼料塞到你手上（有時更誇張會想辦法倒在你身上），由於米蘭大教堂的廣場外面有許多鴿子，只要你身邊出現食物，他們就會以迅雷不及掩耳的速度將你手上或身上的飼料全部吃完，而吃完的同時，給你飼料的人就會開始向你要錢。本來我們去義大利之前，其他去過的朋友都提醒我們要注意，所以只要有陌生人靠過來，我們都會刻意地避開，不讓他們有機可趁，但就是不小心忘記提醒我們其中一位旅伴，因此悲劇就發生了，好險我們是三個大男生，雖然那個小混混追了一下，但我們下定決心不理對方之後，最後也就不了了之。

規劃好主要行程之後，我們再來看一下前後的行程可以再填些甚麼國家。這次我選擇的是維也納，當時，我認識一位在維也納當交換學生的朋友，而且我比其他一起前往義大利的旅伴，還要早一周考完期末考，因此，我就決定先飛斯洛伐克，並搭巴士去維也納找我的朋友。

當時剛好遇到歐洲盃足球賽，歐洲人對足球賽的狂熱和台灣人看棒球基本上是類似的。比賽期間，只要是有足夠空間的廣場，都會架起戶外大螢幕，讓大家可以一起在戶外吶喊為自己的國家加油，所以如果各位在歐洲旅遊時，剛好遇到球賽，就算看不太懂足球，體驗一下那種狂熱的氣氛也是相當不錯。

另一個來維也納一定要去的就是到國立歌劇院聽歌劇或看芭蕾表演，雖然在劇院外面，會有很多人在買套票，但基本上，對當時窮學生的我，都實在太貴了，不過好險，我有在地人帶路，在劇院的側邊，有販售所謂的站票，價格不到五歐元，就能體會這歷史悠久的文化饗宴，絕對是物超所值。

處裡完出發前的空檔時間，再來就是義大利之後的回程了，既然是南歐之旅，西班牙當然也是大家不可不去的國家之一，無論是在巴塞隆納看人給牛追，或是要去體驗馬德里的不可思議，在羅馬通通可以直接前往，但因為只有巴塞隆納有可以直接回到瑞典的飛機，所以我們最後的決定就是前往巴塞隆納去給牛追。

到巴塞隆納市區絕不可錯過高第建築，這位傳奇建築師以豐富的色彩和奇妙的線條，為西班牙帶來各項世界文化遺址的認證。看似永遠不會完工的聖家堂，更讓人驚嘆人造的鬼斧神工。

另外在南歐，我非常推薦大家要去希臘，光是看著落日斜陽，灑落在那藍白相間的小鎮，就足以讓人不斷發出讚嘆的聲息。隨著時間的流洩，遠方的太陽漸漸落下，就在看不到太陽的瞬間，人們突然起身鼓掌，你看看，光是一個夕陽就可以讓大家這樣如癡如醉，你說希臘怎麼可以不去！不過如果要前往希臘的話，我個人的建議是不需要在希臘的前後搭配太多其他的國家，第一主要是因為，希臘最有趣就是去許多愛琴海上的小島，而主要的交通方式都是搭渡輪，所以在抓前後緩衝時間必須要比較有彈性，如果你在希臘之後，安排了其他國家的行程，延誤的機會還蠻高的。

另外，希臘是個相當美麗的地方，每個小島都有它自己的特色，建議不要太貪心，挑幾個想去的小島，在小島上多花一點時間，好好享受、慢慢的放鬆，這樣玩起來會比較舒服；機票的部分，如果希望有比較多廉價機票可選擇的話，大都是從義大利出發，不想坐飛機，也可以選擇坐船去希臘。若像我去希臘的機票就是在米蘭轉機，然後才前往雅典的。

如果覺得只去希臘不夠過癮，最多就是再去希臘前，安排一些行程，如果是在米蘭轉機，抵達米蘭前，可以在有直飛的班機地方消磨一下時間，匈牙利的布達佩斯、德國的柏林，或是波蘭的華沙都是不錯的選擇。

西班牙第三大城市瓦倫西亞的知名景點——藝術科學城（Ciadad de las Artesy las Ciencias）。

東歐旅程規劃

東歐在整個歐洲裡面，是相當有特色的地區，一般台灣人會前往旅遊的國家可能是，捷克、波蘭和匈牙利，頂多就是再加個斯洛伐克，但其實還有許多前俄羅斯的國家，都相當有特色，例如烏克蘭、羅馬尼亞和保加利亞，如果在歐洲看膩了教堂和城堡，來到這些前俄羅斯國家，雖然一樣是城堡教堂，但你就是能體會到一些完全不同於其他歐洲國家的氣氛和景色。另外，東歐相較於其他歐洲地區的消費是稍微便宜的，無論是住宿或是食物，是難得到了歐洲旅行，我也敢放膽消費的唯一一個地區。

接下來就是安排行程了。主要目標設定為匈牙利、捷克和波蘭這幾個國家，查詢了一下背包客的好朋友Ryanair之後發現，匈牙利的布達佩斯，和斯洛伐克還有波蘭是班機最多也方便的，但因為我們希望的路線能由遠而近，一路慢慢玩回家，所以就先跳過波蘭，選擇就剩匈牙利和斯洛伐克，最後因為票價的關係，選擇了斯洛伐克。

不過，問題來了。因為要配合斯洛伐克的便宜機票，所以必須要在斯洛伐克多待幾天，如果只是單純觀光，好像也沒這麼多地方可以去，所以我們開始計畫有沒有其他有趣的地方，可以讓我們多待個幾天。

終於皇天不負苦心人，我們發現去歐洲斯洛伐克滑雪正夯，為什麼呢？沒錯，就是前面提到的消費便宜，一般滑雪，你通常會需要一個ski pass讓你可以坐纜車、租裝備、和基本滑雪，套票上千塊是跑不掉的，再加上住宿，一個三～四天的滑雪旅程，在瑞典破萬是跑不掉的。但在我們調查之後發現，去斯洛伐克滑雪，住獨立的小木屋，滑雪三天，還包含兩天教學課程，大概只要在瑞典的一半價格，這麼划算的價格，當然心動不如馬上行動。

我們選擇了斯洛伐克中部山區的雅斯納（Jasna），算是斯洛伐克境內相當有名的滑雪勝地，它也有一些初學者路線，非常適合我們這種完全沒滑過雪，想體驗學習的初心者前往，另外，這邊也分享一下，在那幾天滑雪的旅程中，我們還遇到了一群從捷克來滑雪旅行的朋友，由於雅斯納沒有night ski，所以天黑之後大家大部分就是回到小木屋，吃飯喝酒，聊天打屁，而這群好客的捷克朋友也在酒酣耳熱之後，和我們聊了起來，我就問他們說，捷克的物價不是也還算蠻便宜的，他們有需要大老遠跑來斯洛伐克滑雪嗎？但他們說，斯洛伐克這邊滑雪的價格真的相當有競爭力，就算他們從捷克來也覺得非常划算。

安排好斯洛伐克的旅程之後，接下來就是串接剩下來的匈牙利、捷克和波蘭了，為了要符合

斯洛伐克境內相當有名的滑雪勝地 — 雅斯納

我們邊玩邊回家的規畫，所以安排的順序就是匈牙利、捷克最後接波蘭。

而下一站的匈牙利布達佩斯，因為距離斯洛伐克不遠，所以我們選擇的是坐巴士，不過要注意的是，巴士站不如火車站好找，運氣好，巴士站就在火車站附近，但通常巴士站和火車站間，常常還有段距離的機會蠻高的，在斯洛伐克境內，英文並不是那麼好用，這部分就要靠事前上網做好功課了。

匈牙利雖然看起來沒有像奧地利那樣的富裕，但也不愧是過去的奧匈帝國，許多傳統的建築物，都相當有氣勢，也保留了不少文物，光是首都布達佩斯就有許多值得一看的景點。

從匈牙利前往捷克布拉格，由於距離比較遠，坐巴士雖然便宜，但坐的時間太久，因此我們選擇便宜的過夜火車，只要睡一個晚上，醒來就抵達布拉格了。來到捷克，當然不得不拜訪日本電影《交響情人夢》取景的各個知名景點。布拉格真的是相當熱門的觀光景點，我實在相當佩服，在拍電影時，到底該如何清場，才能夠拍到這完整的景色，因為我無論怎麼調整角度，我的照片中總是有數不清、躲不掉的觀光客們啊！

從捷克到波蘭的華沙，因為距離的關係，我們同樣也選擇了火車，但令人困擾的是，雖然一樣是華沙，卻同時有好幾站，所以買車票時一定要注意，要在哪一個華沙車站下車，別像我們下錯站，在冰天雪地中轉乘公車，才抵達我們住的青年旅社。

波蘭也是一個相當有意思的國家，造訪鋼琴詩人蕭邦埋放心臟的聖十字教堂、哥白尼紀念碑和居禮夫人故居，可以感受到波蘭是個人才的寶庫，不過比較可惜的是許多的建築，都受到戰火的波及，因此我們參觀的舊城區，皇宮等，都是原地重建的居多，在歐洲實在很少會看到這麼整齊和嶄新的舊城區。

最後就是回家的路線了，根據過往經驗，大

多會安排飛機直接回去，但這次我們又相當有冒險精神的選擇了不同他人的路線——搭渡輪，從波蘭的格但斯克（Gdańsk），可以搭到瑞典南方的尼奈斯港（Nynäshamn），最後再坐巴士從尼奈斯港回到斯德哥爾摩，但其實我相當不建議旅程一開始就去滑雪、消耗掉大量體力的朋友選擇這條回家路線，因為格但斯克和華沙之間也有一段距離，必須要先搭火車前往，而且搭渡輪的地方也不是你下了火車就可以找得到，所以我們也是不斷迷路，加上比手畫腳才找到搭渡輪的碼頭。到了瑞典尼奈斯港，我還要搭相當久的巴士才能回到家。如果不是非常有時間，又想慢慢流浪回家的人，我不太建議這個路程，從華沙起飛的廉價航空有相當多的選擇，找到可以接受的票價，直接飛回家就好，而且華沙起飛的廉航也使用主要的蕭邦機場，所以其實不需要太過擔心接駁的問題。

華沙古城區之一

第六章 環遊世界不是夢

環遊世界是許多人心中的夢想，也是許多人只留在心中的夢想。究竟，是什麼原因讓大家遲遲無法踏出第一步呢？語言不通要怎麼環遊世界，到當地會不會迷路，會不會被騙？環遊世界要花多少時間呢，沒有那麼長的假期該怎麼辦？環遊世界會不會大傷荷包，繞地球一周的機票、住宿、飲食、雜支，需要幾個月、甚至幾年的薪水呢？這些問題看似困難，其實都有非常容易解決的辦法。且讓我一一道來。

我也能環遊世界嗎？

只要踏出第一步，下列問題就再不成障礙。

首先，環遊世界是不是要懂很多種語言？當然，能熟悉當地的語言會比較有安全感，但除非你能懂全世界所有的語言，有幾種語言能力對旅遊的樂趣沒有絕對的影響！我有朋友口不能言、耳不能聽，就憑著幾個英文單字，同樣暢遊世界。甚至，在許多英文也不通的國家，幾個簡單的肢體動作，就能搭起溝通的橋樑。我曾在布拉格對著超商店員比劃雞蛋，聽著日本歐吉桑用完全聽不懂的日文一再重複路線方向，但循著他們的眼神、跟著他們的手勢，一樣能順利到達目的地，買到補給品。只要帶著和善的微笑，再加上肢體語言，語言絕不是阻擋你探索世界的理由。

第二，環遊世界會不會大傷荷包？地球那麼大，當然不可能只是幾萬元就能打發的金額，不過只要善用環球票，就能大大縮減交通費，只是使用環球票必須遵守相關的使用規定，這些規定也侷限了停留城市的選擇。

世界實在太大了，不管買的是哪種尺寸的世界地圖，總會有種想拿圖釘將整張地圖全部征服的衝動。我在規劃旅程時，也曾瘋狂地去書局買了張地圖，每天一下班就攤開地圖，用手指畫出一條條路線圖。但真正到航空公司網站，認真點選自己規劃的路線圖後，卻常常跳出警告：你選擇的航段超過規定！於是一切又要重來，再次謹慎地選擇城市，完美地畫出最順暢的弧線，然後再次上網驗證自己的計畫是否合乎規定。

第三，環遊世界要多少時間？以最「膚淺」的走馬看花觀光客行程，每個地方選擇幾個著名的景點拍下到此一遊照後，即轉換至下一站，想繞完地球一圈至少也得花上三個禮拜；如果想多留點時間感受當地風土民情，那環遊世界的時間就可能無限延長。工作的型態想當然爾地決定了你的假期長度，雖說剛畢業的學生最有時間能四處流浪，但剛畢業的經濟囧境也限制了旅行的預算，許多外國人在大學時就拼命打工存錢，然後想辦法在三十歲之前奮力地揮霍青春、用力地享受世界；在台灣，最常見的機會就是在工作之間，存夠了一筆錢，準備轉換跑道或跳槽時，就能擁有較長的假期。

不管處於人生哪個階段，身為勤儉持家的中華子民，當然要想辦法將錢花在刀口上，用最少的價錢發揮最大的價值。因此，如何謹慎地選擇機票，如何選擇停留的城市，就成了環遊世界中至關重要的要素。以下，將介紹環球票的種類、行程規劃的建議，並告訴你，如何買到真正便宜的機票。

人生中不同的階段有著不同的旅遊夢想，不管是短程或長程旅行，本章節將告訴你如何善用環球票及行程規劃。

環球票介紹

航空公司之間彼此會結為聯盟，在航班調度、票務、飛行常客計畫、貴賓室等方面共享資源。對遊客來說，最方便的就是可以利用聯盟間的互惠方案累積哩程數，而航空聯盟所推出的環球票，自然成為環遊世界的最佳利器。

目前全球的航空聯盟有三大家，分別是天合聯盟（Sky Team Alliance）、寰宇一家（OneWorld）和星空聯盟（Star Alliance）。現就各家聯盟的環球票使用方式及優缺點說明如下。

星空聯盟（Star Alliance）

http://www.staralliance.com/hk/

星空聯盟是三大聯盟中歷史最悠久，規模也最龐大的航空聯盟，成員數已達二十五家航空公司，飛往世界一百九十五個國家，航點超過一千三百個城市。長榮航空即是星空聯盟的一員。

星空聯盟的特惠票種有三類：環球程套票、環太平洋特惠票套、旅遊通票。

環球程套票範圍包含三大洋、五大洲的國家，由於星空聯盟的龐大規模，可說幾乎無處不達的範圍；環太平洋套票顧名思義，能通往太平洋沿岸的國家，包括亞洲、北美洲及西南太平洋，二十五個國家以上，超過八十五個目的地，適合小規模的世界探索；旅遊通票則又細分為非洲旅遊票、亞洲旅遊票、北美旅遊票、中國旅遊票、歐洲旅遊票及日本旅遊票，適合假期半長不短、荷包半深不淺的遊客，就單一大洲進行探索。

尤其是日本旅遊票，每張機票只要三千台幣，就能乘坐全日空或其他星空聯盟航空，正可以帶著大包小包上飛機，既不必像廉價航空得多花錢託運行李，還有精緻的飛機餐可以享用，實在非常划算。

星空聯盟在網站上提供簡便且有趣的環球程套票航程規劃和票價計算。選擇居住國家、艙等、旅客人數後，一站接著一站地點選出你的環球之旅，結束後，系統會馬上計算出哩程數及相對應的票價，非常方便又一目瞭然。

天合聯盟（Sky Team）

http://www.skyteam.com/zh-TW/

聯盟內目前共有十九家航空公司，中華航空即屬於此聯盟，航線廣布一百八十七個國家，航點有一千個城市。

天合聯盟同樣也提供規模各異的旅行套票，包括環遊世界的環球票（Go Round the World），還有北美洲、亞太區、歐洲的單洲旅遊，或是中國、墨西哥、俄羅斯的單國旅遊。

行程規劃網站有兩種使用模式，一是列出所有想去的地方，最多不能超過十三個，再交由系統規劃最短路線；一是自己一站站規劃相連，若出現違反票券使用規定，就會跳出警告，要求修正。規劃後可顯示出環遊的總哩程數，方便計算票價，最後再選擇航班時刻表。

天合聯盟的行程規劃工具相較其他網站沒那麼便利，一則是它的字體太小，在點選停留點時很耗費眼力，也極考驗手眼協調的能力；二則是它並不會馬上跳出預估票價，網站會將你的旅程寄至華航或法航，再由航空公司於三個工作日內回覆，回覆的速度是很快，只是有時會出現網站上明明符合規則的旅程，真正開票時卻會多出轉機行程或無法連接的行程，並要求你重新規劃，如此來來回回得耗費不少時間，不過因為華航是天合聯盟的成員，在服務上（至少能用中文溝通，而且態度良好）或是台灣對外的航線上，都相較佔些優勢，如果航點比較適合天合聯盟，或是準備時間還很充裕，多花點時間或許會得到令人滿意的旅程。

寰宇一家（Oneworld）

http://zh.oneworld.com/

寰宇一家是全球第三大的航空聯盟，由國泰等航空公司組成，航線囊括一百五十個國家，超過八百五十個城市。

寰宇一家的環球票有兩種，一是計洲收費的跨洲旅行機票（oneworld explorer），一是計距離收費的環球票（Global Explorer）。跨洲旅行機票將世界分成六大洲，旅客至少必須選擇三個大洲，若是從南半球或非洲出發，則必須包括四大洲，出發地所在的洲別可停留兩次，每個大洲可選擇四個航段（北美洲可選擇六個航段），但總航段不得超過十六個。

寰宇一家為想選擇跨洲旅行的旅客設計了環大西洋（範圍包括歐洲、中東、北美洲與中南美洲）、環太平洋（範圍包括亞洲、南北美洲和澳紐）、歐亞非套票（包括非洲、亞洲、歐洲、中東和澳紐）及環亞洲及西南太平洋（包括東北亞、東南亞和西南太平洋）等套票。如果假期或預算有限，也可選擇洲內旅行機票，在單一洲內自由探索，除了各大洲之外，還有馬來西亞、日本等兩個國家內自由旅行的選擇。

環球票依哩程計費，比上述票種有更大的彈性，可以自由計劃路線、停留點等，但仍須遵守旅行方向和停留點的限制（同一洲最多四次）。

想前往中、南美洲旅行的背包，寰宇一家是不錯的選擇，因為聯盟中包含了幾乎壟斷南美洲天空的Lan航空，想將復活島或大溪地納入環球之旅，只能靠寰宇一家，否則若自智利單買機票飛往復活島，票價令人瞠目結舌。

項目	星空聯盟 Star Alliance	天合聯盟 Sky Team	寰宇一家 Oneworld
票價 計算方式	飛行距離	飛行距離	飛行距離 或停留洲數
航段	最多16個	4-16	最多16個
線路	必須連續向東或向西，只能跨越一次大西洋和太平洋。 分三區域，區域內方向可以變更。	必須連續向東或向西，只能跨越一次大西洋和太平洋。	必須連續向東或向西，只能跨越一次大西洋和太平洋。
艙等	可自由選擇	可自由選擇	可自由選擇
中途停留	最少3次，最多15次。	最少3次，最多15次。	依票價等級而定，最少兩次。
旅行期限	至少7天，最多12個月	最少10日，最多12個月	最少10日，最多12個月
預訂	日期可免費變更，變更航線則收取125美金	只需開出首段航班日期，後續航班無日期限制	只需開出首段航班日期，後續航班無日期限制（探索者套票必須全部先預定）
起終點	必須同一國，可不同城市	必須為同一個國家	必須為同一點
地面運輸	可有5段地面運輸，但哩程數列入計算。	哩程數列入計算；運輸時間超過24小時，視為一次停留。	哩程數列入計算；運輸時間超過24小時，視為一次停留。
強項	停留點選擇多，尤其是非洲	適合搭配其他廉價航空使用	中、南美洲旅遊，復活島的唯一選擇
弱勢	澳洲、中南美洲		印度、非洲、南太平洋

其他選擇

除了上述三大航空聯盟外，英國公司Westernair也提供環球票服務。但與聯盟不同的是，這家公司已經為您規劃好飛行路線，相較來說，行程比較不自由，不過價格卻相對低廉，適合不想花太多時間篩選想去的國家，可以隨遇而安，且荷包深度有限的旅人。

網站上詳細列出各條路線的停留點及票價（含稅），最低從台幣三萬二千元玩五國，到十萬元的五大洲之旅。所有的起訖點都在英國，規劃時記得列入台灣至英國的行程及費用。

英國公司Westernair
http://www.westernair.co.uk/roundtheworld.html

環球票和廉價機票的差異

為何要買環球票？

環球票因為旅程限制、停留點限制，和最重要的航空公司限制，不得不選擇捨棄某些自己很想去的國家。但若是善加規劃，就能將環球票做最大的利用。

對於喜愛行程按部就班的人而言，事先買好所有的機會應該能達到極大的安心效果。如果已經確認自己想去的國家或洲別，那麼綁定城市但開放時間的環球票就是很好的選擇。

如果打算去中南美洲或非洲，環球票是最佳選擇，因為如果單買這兩大洲的機票，無論是哪個城市，都會大傷荷包；將中、南美洲納入環球票的停留點，雖然可能耗掉不少哩程數，但絕對還是物超所值。

環球票的另一好處是可以更改日期，也不怕飛機取消，還可以大量且快速的累積哩程，往往繞地球一圈下來，又可以再換一張來回機票，繼續自己美好的旅行。如果經費稍微寬裕一些，可以選擇商務艙，一方面讓自己的體力不會消耗在移動上，二是商務艙的折扣數其實比經濟艙高，整套商務艙的環球票價，或許剛好等於自行購買經濟票機票的總價。誰不想舒舒服服地出遊呢？

再則，航空聯盟由傳統航空公司組成，機票中多含有託運行李的額度。購買機票時不用再「斤斤計較」，也是使用環球票的優點之一。

為何要買廉價機票？

既然環球票有那麼多好處，為何還要選擇廉價機票？環球票各洲的停留點有限，為求節省飛行哩程，還必須精密計算各城市間移動的順序，對於想隨心所欲、四處漂泊的浪子心情來說，實在太過綁手綁腳。廉價機票此時就能派上用場。

廉價機票沒有航空公司的限制，可選擇的城市自然更為多樣，無論是大城小鎮，都有可能找到便宜機票，行程的彈性大大增加。因為不必費心計算哩程，如果剛好遇上超級促銷機票，大可以一下往東、一下往西，依市場價格決定下一站，讓環球之旅增添更多冒險的可能。

廉價機票的行李託運大多需要付費購買，但如果是行李簡便的背包客，便能依照自己的需求，決定要購買的數量，完全實現預算花在刀口上的廉價理念。

環球票與廉價機票的完美組合

環球票方便跨洲移動，卻有停留點數量限制；廉航票多為短程航線，但可到達的城市更多。既然環球票與廉價機票各有優缺點，要如何才能截長補短、妥善組合，用最少的價格，得到最豐富的假期呢？

簡單來說，洲內移動靠廉航票，洲際移動靠環球票。利用環球票，在各大洲選定一至三個停留點，再從停留點以廉航延伸至其它城市，例如，環球票在歐洲選定停留倫敦，再從倫敦搭廉航悠遊整個歐洲，最後回到倫敦飛往下一塊大陸。如此一來，既可以利用環球票的優勢，自由悠遊於各大洲，又可用廉航票增加行程的豐富性。

像上述的例子，也可以在玩遍歐洲後，於最後一個城市，直接以環球票前往下一個大陸。但必須注意環球票的地面移動也列入哩程計算中，究竟是搭回倫敦比較划算，還是就地出發比較划算，是在訂購環球票之前就必須考量的問題。

再次提醒，雖然廉航幾乎無處不達，但還是必須具備欲前往國家的簽證，千萬別興高采烈地搭飛機過去，卻入不了境，那可會壞了遊興。

讓轉機不只是換飛機

睡機場也是一種藝術

很多人不喜歡在機場枯等轉機時間，所以選擇花大錢買直航機票。但對於旅行經費錙銖必較的背包客來說，雖然直航機票能買來更多於當地觀光遊覽的時間，卻著實考驗我們的荷包深度。

其實轉機機票並沒有那麼討人厭。首先，提供轉機的機場通常都有一定的規模，偶爾也會以該國特有的風格或象徵物裝潢。轉機等待的時間，不妨好好地參觀機場，或是到美食街品嚐該國的特色餐點，還能藉機伸展窩在狹小座椅上好幾個小時的雙腳。

如果轉機時間在深夜，或已經逛得太累，較大的機場多半也能覓得安靜的空間休息。休息的時候必須小心身邊的財物，最好是將貴重的物品抱在身邊，更切記不可讓行李離開視線。機場的空調到了半夜常常冷得嚇人，若是準備夜宿機場，切記也要帶著保暖的衣物或毛毯；緯度較高的國家，機場常設有暖氣出風口，雖然不見得會有沙發或座椅，但在附近打地舖至少不會被冷醒。

無奇不有的網路也為睡機場的背包客，整理了許多睡機場資訊，包括哪個機場最好睡，要去哪裡尋找最好睡的位置，機場警衛對睡機場人的態度等。例如在二〇一二年票選出亞洲最好睡的機場是新加坡的樟宜機場，治安好、沙發多、飲食或購物的選擇多，最容易打發時間，樟宜機場已經連續十六年蟬連亞洲最好睡機場的美譽。台北桃園機場只得到第八名。

附帶一提，亞洲最難睡的機場是馬尼拉的第一航廈，不僅位置少，還有人太多、天花板搖搖欲墜、計程車司機吵鬧拉客等缺點，連睡機場網站都找不到任何一張有旅人睡在第一航廈的照片。如果轉機點不幸落於馬尼拉，又不幸必須停留很久，那麼建議你多花一點錢直接進城玩吧。

抓緊時間，多玩一個城市

大部分旅行社或航空公司在開票時，考量航班和等待時間，轉機時間通常介於一小時至三小時之間，這段班機與班機的移動時間其實不難打發，在機場伸展伸展，隨便吃點什麼，就得趕著上另一班飛機了。

但如果轉機時間長一點，機場離市區又不是很遠，就能考慮進市區逛一逛，例如香港機場搭機場快捷進市區不到一小時，市區交通便捷，一張地鐵票就能暢行香港各處，享受道地港式美食；在新加坡轉機超過五小時的旅客，還能考慮參加「免費新加坡市區觀光」。

如果想長時間停留轉機的城市，就必須詢問開票的航空公司或旅行社，有些特惠票種是不允許停留的，有些只要加價就能入境停留數天，但都必須在開票前就做出決定，不能到了轉機點才臨時決定入境。

背包客的睡機場資訊參考：
http://www.sleepinginairports.net/

睡機場

用環球票規劃旅程

在利用三大聯盟的環球票規劃工具時，必須注意幾項要點：

1．**環球票的使用規則：**每個聯盟都有自己的使用規則，在規劃時如果違反規則，通常系統會馬上跳出紅色小三角形，點選三角形就會出現提示。錯誤可能是路線是否出現折返，例如已經跨過太平洋，就不能再回頭選擇亞洲的停留點；或是同一點出現兩次（轉機點和停留點重複），例如已經將香港列入第二個停留點，但第四個停留點又必須回到香港轉機，系統就會提醒第二次停留必須短於廿四小時。發生這些情況，大部分只要微調停留點的順序、或是謹慎選擇班機時間就能解決，但也有可能因此超過航段限制，只好做出取捨。

2．**各聯盟的航點不同：**在以下將舉出的四個旅程建議中，我只各以一家聯盟的飛法為例子，並非我偷懶，不願意多查幾家或路線，而是每一家航空聯盟的航點多少有些不同，這家有直飛，那家就只能轉機，每次轉機就會多耗一個航段，或是根本沒有那個航點（例如復活島）。當然，這世界無限寬廣，只要換掉其中幾個景點，就能符合別家航空聯盟的規則，但那又是無限大的組合，就留待各位去體驗嘗試，找出最適合自己的旅程。

3．**妥善配合地面交通：**三大航空聯盟的環球票都規定最多只能有十六航段，扣除起點和終點，只能有十五個停留點，決心好好放縱自己探索世界的人，怎麼能滿足於十五個停留點呢？此時最好將停留點選在交通便利的大城市，再由大城市向外輻射擴散，遊覽周邊的城市。例如我在文後的案例中，於澳洲的部分都只選取雪梨，一方面是因為雪梨本身極具特色，二方面也是因為雪梨對外是相對較不需轉機的停留點，對內又有便利的陸空交通，無論往南往北都容易發展；如果硬要侷限自己直飛至最想去的地方，例如南方的墨爾本，就有可能因為轉機而多耗寶貴的航段。

4．**多嘗試各種組合：**為了最有效利用環球票，建議規劃時可先在各大洲選定一至兩個非去不可的大城市，再搭配幾個依交通或依興趣可彈性選擇的城市，再分別依東、西兩種方向，嘗試各種停留點的搭配。有時同樣的停留點組合，向東行會違反規則，向西行卻能成案；有時在各家聯盟查出來的票價，會因為停留點的些微差異，而有數萬元的價差。

世界文化遺產之旅 I

世界文化遺產指的是有形的文化遺產，包括紀念物、建築群和場所。只要是被指定為世界文化遺產的地方，大多也成為旅遊勝地，或是當地政府大力促銷的旅遊景點。這些景點往往會聚集大量人潮，周邊還會擠滿許多沒什麼秩序的小販，偶爾因為人潮擁擠，小偷盛行而惹上治安不良的惡名。不過就像沒去過巴黎鐵塔就等於沒去過法國一樣，既然都出國了，就縱容自己像個觀光客，哪怕只是一天也好，去看看這些「名勝古蹟」，畢竟，能列為世界文化遺產的建物，在歷史、藝術或學術上必須具有傑出普世的價值。

截至2013年6月底止，世界文化遺產共有759項，環遊世界一圈肯定玩不透，加上必須遷就環球票的設計，只好做點取捨，只選出幾個特別有名又順路的文化遺產，供各位文化遺產愛好者參考。

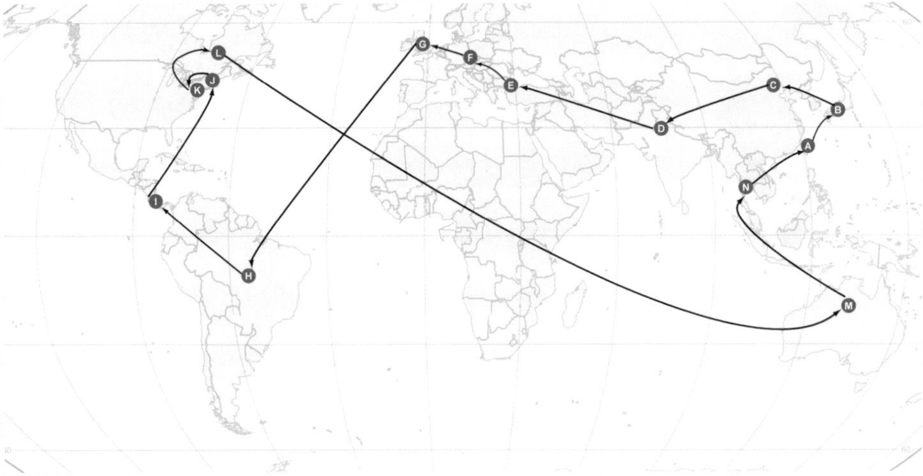

路線：

Ⓐ台北→Ⓑ日本大阪→Ⓒ中國北京→Ⓓ印度德里→Ⓔ土耳其伊斯坦堡→Ⓕ捷克布拉格→Ⓖ英國倫敦→Ⓗ巴西里約熱內盧→Ⓘ巴拿馬→Ⓙ美國紐約→Ⓚ美國費城→Ⓛ加拿大魁北克→Ⓜ澳洲雪梨→Ⓝ泰國曼谷→Ⓐ台北

停留點：13站
哩程數：38181
預估金額：236,408
試算聯盟：星空聯盟

各國代表城市和景點：

大阪：京都清水寺、西本願寺、奈良東大寺
北京：長城、故宮、天壇
德里：胡馬雍古墓
伊斯坦堡：藍色清真寺、聖索菲亞大教堂
布拉格：小城區、城堡
倫敦：倫敦塔、國會大廈
里約熱內盧：耶穌山
巴拿馬：舊城區、老城區
紐約：自由女神
費城：美國獨立紀念館
魁北克：老城區
雪梨：雪梨歌劇院
曼谷：大城

世界自然遺產之旅 II

世界自然遺產指的是自然形成的地景，這些地景有些因為展現出重要的自然過程，包括地球演化，或是珍稀罕見的自然現象，有些保存了瀕危的動植物棲息地，有些則是能充分表現人與自然的關係，而躋身世界自然遺產之列。

世界自然遺產的範圍多數佔地極廣，徜徉其中總是讓人感嘆大自然的鬼斧神工。不過許多世界遺址因為政府的保護不足，或是因為遊客的人為破壞，甚至是因為大自然的變化而受到威脅。遊客在參觀這些累積了數百萬年才能形成的景觀時，切記只能揮揮衣袖，不帶走一片雲彩，千萬別讓自己也成為殘害美麗景致的幫兇。

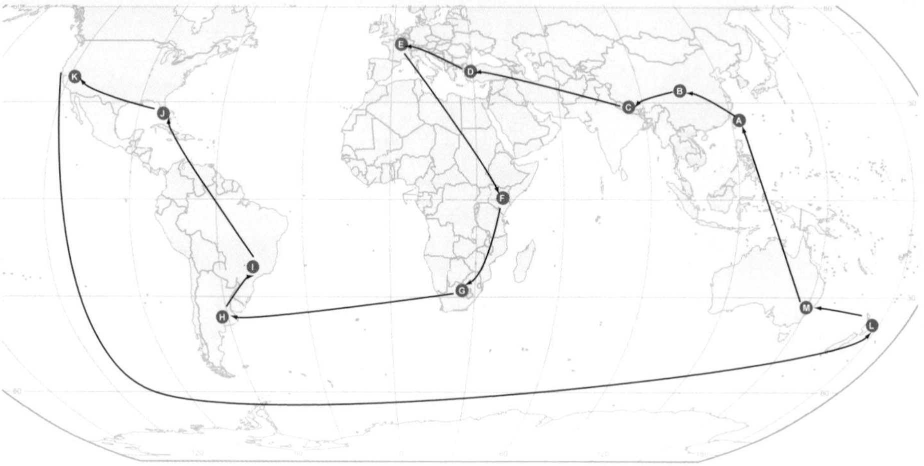

路線：

Ⓐ台北→Ⓑ中國四川成都→Ⓒ尼泊爾加德滿都→Ⓓ土耳其伊斯坦堡→Ⓔ瑞士日內瓦→Ⓕ肯亞奈洛比→Ⓖ南非約翰尼斯堡→Ⓗ阿根廷布宜諾斯艾利斯→Ⓘ巴西聖保羅→Ⓙ美國邁阿密→Ⓚ美國拉斯維加斯→Ⓛ紐西蘭奧克蘭→Ⓜ澳洲雪梨→Ⓐ台北

停留點：14
哩程數：38766
預估金額：236,408
試算聯盟：星空聯盟

各國代表城市和景點：

四川：九寨溝
加德滿都：薩加瑪塔國家公園
伊斯坦堡：棉花堡
肯亞：圖爾卡納湖國家公園（Nairobi）
日內瓦：少女峰
約翰尼斯堡：弗里德堡殞石坑
布宜諾斯艾利斯：伊瓜蘇瀑布
聖保羅：太西洋沿岸熱帶雨林保護區
邁阿密：大沼澤地國家公園
拉斯維加斯：大峽谷國家公園
夏威夷：火山國家公園
奧克蘭：東加里格國家公園
雪梨：藍山國家公園

文明古國之旅

中華悠悠五千年文化，雖然源遠流長，卻不是世界上的獨一無二。以前歷史課本上寫著世界有四大文明古國，包括中國、古埃及、美索不達米亞和古印度，這四大文明發源地，自然是文明古國之旅不可錯過的焦點。

然而南美充滿神秘色彩的馬雅文化和阿茲提克文化，復活島上數以百計不知從何而來的巨人石雕，這些遺留千年的遺址實在讓人不得不懷疑曾有外星人降落地球。另外孕育了近代歐洲文化的古希臘羅馬，雖然年代不長，許多遺址也遭戰爭破壞，但從斷垣殘壁中，仍能見到當時曾榮極一時的羅馬帝國。

我幾乎按壞了滑鼠，也找不到能同時兼顧四大古文明，又兼顧16航段限制的飛法，為了飛往復活島、南美等其他航空較少耕耘的區塊，這趟旅程只能選擇寰宇一家，但它的航點較少，許多停留點間沒有直航航線，例如台北沒有直飛美國的班機，導致前往南美的行程得犧牲航段轉機，再加上復活島只能從智利的聖地牙哥進出，來回耗掉兩個航段。為了保有四大文明完整性，只好以國泰航空的根據點香港為出發點，如果真想參考這樣的行程出遊，最好將台北來回香港的票價也納入考量。

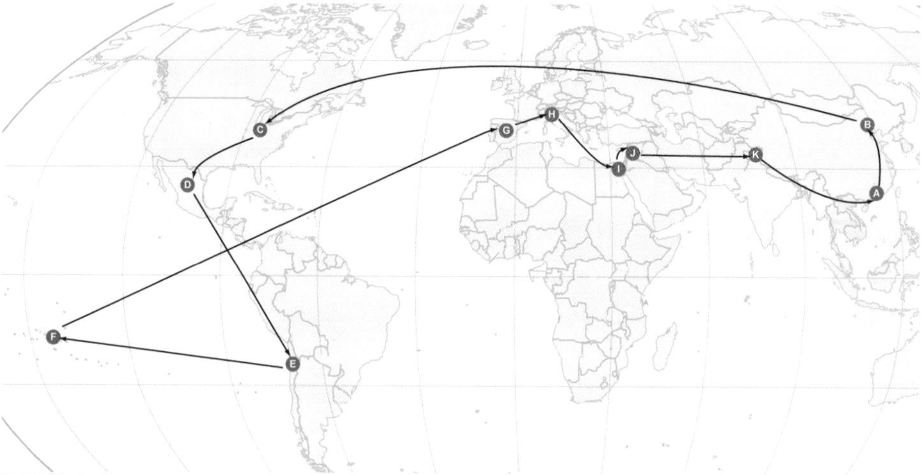

路線：

Ⓐ香港→Ⓑ中國北京→Ⓒ美國芝加哥→Ⓓ墨西哥→Ⓔ智利聖地牙哥
→Ⓕ智利復活島→Ⓖ秘魯利馬→Ⓗ西班牙馬德里→Ⓘ義大利羅馬
→Ⓙ埃及開羅→Ⓚ約旦安曼→Ⓛ印度德里→Ⓐ香港

停留點：12
哩程數：33341
預估金額：151,620
試算聯盟：寰宇一家

各國代表城市和景點：

北京：紫禁城、長城
墨西哥：馬雅文明、阿茲特克
復活島：人頭像
秘魯：馬丘比丘（印加文明）
羅馬：羅馬競技場、噴泉
開羅：人面獅身、金字塔
約旦：考古博學館（耶路撒冷）
德里：古德卜尖塔、古德塔

城市建築之旅

有人鍾愛歷史古蹟，有人喜歡自然美景，當然也有人著迷於現代建築藝術。欣賞建築難道不需要專業眼光嗎？美麗的事物就像微笑一般，都是共通的語言，真正的藝術不需高深的學問，就能感動人心。對藝術一竅不通的我，在走進聖家堂時，也被其中的氛圍差點逼出了眼淚，看見雪梨歌劇院的優美外型，也忍不住猛按快門。

城市建築之旅還有一個好處，就是這些建築通常都位於大城市或交通便利之處，比起歷史古蹟或自然美景需要耗費大把的交通時間，欣賞建築所費的力氣要少得多。我選出的幾個建築，不侷限於高樓大廈，也有代表血淚歷史的柏林圍牆，表現城市再造的首爾清溪川，競相比美的拉斯維加斯飯店群等，不僅能增加行程的豐富，也免得看同一種東西久了容易產生美感疲勞。

路線：

Ⓐ台北→Ⓑ韓國首爾→Ⓒ杜拜→Ⓓ莫斯科→Ⓔ德國柏林→Ⓕ法國巴黎→Ⓖ西班牙巴塞隆納→Ⓗ美國紐約→Ⓘ美國西雅圖→Ⓙ美國拉斯維加斯→Ⓐ台北

停留點：11
哩程數：23534
預估金額：150,831
試算聯盟：天合聯盟

各國代表城市和景點：

首爾：清溪川
杜拜：帆船酒店、杜拜塔
莫斯科：聖彼得堡
柏林：柏林圍牆
巴黎：巴黎鐵塔、聖母院、羅浮宮
巴塞隆納：聖家堂、高第作品
紐約：帝國大廈
西雅圖：中央圖書館
拉斯維加斯：飯店群

你買的票真的最低價嗎?!試試比價網

本書主要目的雖然在介紹如何利用廉價航空遊世界，但追求低價是人類最基礎的本能，無論膚色、人種、性別、年齡、收入，即使再講求享受的人，兩套同樣的服務擺在面前，選擇低價者一定還是佔大多數。只是在廉價航空的世界裡，低價代表的是使用者付費，飛航要求的安全性可是一點也沒有馬虎，將服務商品化的特色，也讓旅客有了自主選擇權，不必在肚子不餓、睏意濃厚的時候，還被叫醒「享用」其實不那麼好吃的飛機餐。

不過，廉價航空雖然標榜廉價，它沒有特價的時候其實也不是那麼廉價。由於機票採來回分段計價，加總後可能超過傳統航空的來回優待票價；即使價格略低，有時候加個行李費、餐點費，很容易比傳統航空還貴；更不用說買票時還必須考慮廉航常將機場設在交通不便的偏遠地區，進出市區又得多花一筆交通費。

另一種可能是廉航的起飛或抵達時間常會選在離峰時間，有時甚至是半夜或清晨，如何到達機場或離開機場就成了問題，要是因此而必須住宿過境旅館，花費也必須計算進機票成本裡，當然，如果體力夠，也有很多人喜歡半夜抵達機場，在機場小睡之後，隔天一早就開始忙碌豐富的行程。

為了確實達成小資出國的目標，避免買到不廉價的廉價航空機票，我不得不在最後介紹各種比價網。比價網多為旅行社所設，網上匯集各家航空公司機票的即時資訊，依消費者設定的需求提供最優惠的票價，或最適宜的飛行方式。其實在搜尋廉價航空之前，不妨先上比價網，了解傳統航空的平均價格，或是最低票價的時間、限制，再依自己的需要選擇傳統航空或廉價航空。

全球航空比價網

1．Orbitz：我個人偏愛的網站，得到最便宜票價的機率頗高，除了機票外，還有遊輪假期、旅遊套票等選擇，可以增加旅程的多樣性。網路訂票後，網站會立即寄封確認信到填寫的信箱，只要列印出信件，帶到航空公司櫃台前劃位即可，信件中還會通知當地的旅館、觀光資訊，相當貼心。

2．Lastminute：這個網站運作的概念就像跳樓大拍賣，在飛機起飛前的最後時刻售出機上剩餘座位，但它提供的服務其實較像其他比價網站，能輸入自己的條件選擇。它的優點在於會靈活組織各種時間與航空公司，找出最便宜的票價組合，而不是呆板地侷限在來回票就非得使用同一家公司；不過這些組合都是浮動票價，小心過了這個村，就沒這個店。

3．Expedia：查出來的票價和Orbitz不會差太多，但網站上的旅館資料都是經由住宿者親身體驗評比後，精挑細選留下來的精華，資料詳盡、價格多樣，方便又令人放心。這個網站還有特別之處在於它也提供最後一分鐘的票價，包括機票、飯店、或機加酒，選擇也不限於「最後一分鐘」，從明天的飛機、這個週末的機票到下一週的機票都有得選。它也有中文介面，只可惜中文只能查到亞洲的航班，想要走入花花世界，還是得啃啃英文。

4．Priceline：我身邊有許多人都大推這個網站，它讓訂票不只是無止境的搜尋，而是賦予消費者主動的權力，只要你敢喊價，就有可能用超低價格住到五星飯店、或買到洲際機票。遊戲規則是由消費者喊出價格，若飯店或航空公司願意接受該價格，則交易立即成立；如果價格低於最低售價，網站也會建議您多加一點金額，然後再次媒合，反覆直至交易成立為止。刺激之處在於你永遠不知道底價，也不知道接受交易的是哪家飯店、哪家航空公司（住房喊價時能限定飯店星級），更無法預測出發時間，而且必須先輸入信用卡號，交易一旦成立立即扣款，不可退費，相當適合賭性堅強的人試試手氣，或許能贏得物美價極廉的交易。

5．**WhichAirline**：非常好用的廉價航空搜尋網站，輸入條件後，它貼心地列出各種可能的組合與票價，並直接於搜尋畫面以清楚的長條圖顯示飛行時間、轉機時間，更令人感動的是，它也考量了廉價航空的附加費用可能造成總票價的些微差異，還在畫面上顯示託運行李的費用。

6．**SKYSCANNER**：同樣也是廉價航空比價網，搜尋畫面雖然沒有WhichAirline那麼一目瞭然，但最大也最決定性的優點是——它有中文介面！這兩個網站都沒有自己的訂票系統，且同樣導向一家線上旅行社ebookers，兩個網站的價錢相同，就看你喜歡哪種搜尋介面。

7．**Kayak**：整合性的搜尋網站，輸入一次資料會跳出四個不同廉價票網站的結果。可是一下子會把工具列弄很亂，也會不知道自己查到哪裡去，雖然方便但不愛用。

全球航空比價網QRcode

1.Orbitz

2.Lastminute

3.Expedia

4.Priceline

5.WhichAirline

6.SKYSCANNER

國家圖書館出版品預行編目資料

搭廉價航空出國去 / Sugo、貳毛、小摳合著
-- 初版 . -- 臺中市 : 晨星 , 2014.04
面 ; 公分 . --
ISBN 978-986-177-827-3（平裝）

1. 旅遊 2. 世界地理 3. 航空運輸

719 103001508

休閒旅遊 610
《搭廉價航空出國去》

作者	Sugo、貳毛、小摳
編輯	林千裕
美術編輯	曾麗香
內頁繪圖	腐貓君
封面設計	萬勝安
創辦人	陳銘民
發行所	晨星出版有限公司 台中市 407 工業區 30 路 1 號 TEL:(04)23595820 FAX:(04)23597123 E-mail:service@morningstar.com.tw http://www.morningstar.com.tw 行政院新聞局局版台業字第 2500 號
法律顧問	陳思成律師
初版	西元 2014 年 4 月 30 日
二刷	西元 2015 年 4 月 20 日
郵政劃撥	22326758（晨星出版有限公司）
讀者服務專線	04-23595819#230
印刷	上好印刷股份有限公司

定價 250 元
（缺頁或破損的書，請寄回更換）
ISBN 978-986-177-827-3
Published by Morning Star Publishing Inc.
Printed in Taiwan

◆讀者回函卡◆

以下資料或許太過繁瑣，但卻是我們瞭解您的唯一途徑
誠摯期待能與您在下一本書中相逢，讓我們一起從閱讀中尋找樂趣吧！

姓名：________________ 性別：□男 □女 生日： / /

教育程度：________________

職業：□學生 □教師 □內勤職員 □家庭主婦
□SOHO族 □企業主管 □服務業 □製造業
□醫藥護理 □軍警 □資訊業 □銷售業務
□其他 ________________

E-mail：________________________________ 聯絡電話：________________

聯絡地址：□□□____

購買書名：搭廉價航空出國去

・本書中最吸引您的是哪一篇文章或哪一段話呢？________________________

・誘使您購買此書的原因？

□於 ________ 書店尋找新知時 □看 ________ 報時瞄到 □受海報或文案吸引
□翻閱 ________ 雜誌時 □親朋好友拍胸脯保證 □ ________ 電台DJ熱情推薦
□其他編輯萬萬想不到的過程：________________________________

・對於本書的評分？（請填代號：1. 很滿意 2. OK啦！ 3. 尚可 4. 需改進）

封面設計 ________ 版面編排 ________ 內容 ________ 文／譯筆 ________

・美好的事物、聲音或影像都很吸引人，但究竟是怎樣的書最能吸引您呢？

□價格殺紅眼的書 □內容符合需求 □贈品大碗又滿意 □我誓死效忠此作者
□晨星出版，必屬佳作！ □千里相逢，即是有緣 □其他原因，請務必告訴我們！

____

・您與眾不同的閱讀品味，也請務必與我們分享：

□哲學 □心理學 □宗教 □自然生態 □流行趨勢 □醫療保健
□財經企管 □史地 □傳記 □文學 □散文 □原住民
□小說 □親子叢書 □休閒旅遊 □其他 ________________

以上問題想必耗去您不少心力，為免這份心血白費
請務必將此回函郵寄回本社，或傳眞至（04）2355-0581，感謝！
若行有餘力，也請不吝賜教，好讓我們可以出版更多更好的書！

・其他意見：

晨星出版有限公司 編輯群，感謝您！

請填妥後對折裝訂，直接投郵即可，免貼郵票。

廣告回函
台灣中區郵政管理局
登記證第267號
免貼郵票

407
台中市工業區30路1號
晨星出版有限公司

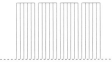

請沿虛線摺下裝訂，謝謝！

更方便的購書方式：

(1) 網站：http://www.morningstar.com.tw
(2) 郵政劃撥 帳號：22326758
戶名：晨星出版有限公司
請於通信欄中註明欲購買之書名及數量
(3) 電話訂購：如為大量團購可直接撥客服專線洽詢

◎ 如需詳細書目可上網查詢或來電索取。
◎ 客服專線：04-23595819#230 傳真：04-23597123
◎ 客戶信箱：service@morningstar.com.tw